Inhalt

ROSETTE POLETTI & BARBARA DOBBS

Selbst-achtung

Leben in Frieden mit sich selbst

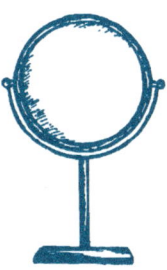

SCORPIO

Die Originalausgabe ist 1998 unter dem Titel
L'estime de soi. Un bien essentiel
bei Éditions Jouvence, S.A., Chemin du Guillon 20,
Case 184, CH-1233 Bernex erschienen.
www.editions-jouvence.com
info@editions-jouvence.com

*An dieser Stelle möchten wir
Marguerite Bessard,
Louise Malacket und Denise Paratte
für ihre wertvolle Mitarbeit danken
sowie allen Teilnehmern unserer Workshops,
die ihre Reise zu mehr Selbstachtung
mit uns geteilt haben.*

© 1998 Rossette Poletti & Barbara Dobbs
© der deutschsprachigen Ausgabe:
2014 Scorpio Verlag GmbH & Co. KG, München
Übersetzung: Elisabeth Liebl, München
Umschlaggestaltung: Hauptmann & Kompanie
Werbeagentur, Zürich
Layout und Satz: Veronika Preisler, München
Druck und Bindung: Print Consult, München
ISBN 978-3-943416-93-0
Alle Rechte vorbehalten.
www.scorpio-verlag.de

Einführung

Ein junger Indianer streifte allein durch die Wälder. Dabei fand er das Ei eines Adlers. Weil er es aber für ein Präriehuhnei hielt, legte er es ins Nest eines Präriehuhn-Pärchens.

Als der junge Adler schlüpfte, war er von Präriehühnern umgeben. Er lernte laufen wie ein Präriehuhn, gackern wie ein Präriehuhn, fressen wie ein Präriehuhn.

Eines schönen Frühlingstages aber erblickte er etwas ganz Wunderbares: Er sah, wie ein Vogel sich weit in die Lüfte erhob und majestätisch mit dem Wind dahinsegelte. »Was für ein Tier ist das denn?«, fragte der junge Adler, der zwischen Präriehühnern aufgewachsen war. »Das ist ein Adler, der prächtigste aller Vögel!« »Es muss wunderbar sein, so anmutig durch die Lüfte gleiten zu können«, träumte der kleine Adler. Aber er war ja kein solch prachtvolles Tier, und so vergaß der kleine Adler seine Träumereien schnell wieder.

Solange er lebte, glaubte er, ein Präriehuhn zu sein.

INDIANERMÄRCHEN AUS AMERIKA

Vielen Menschen geht es wie diesem kleinen Adler! Sie verfügen über ein außerordentlich großes Potenzial, doch ihre Fähigkeiten liegen brach. Sie könnten so viel Gutes mit ihren Begabungen und Talenten bewirken, wenn sie diese nur nutzen könnten. Unglücklicherweise jedoch sind diese Menschen in einem »Nest« groß geworden, in dem es niemanden gab, der ihnen diesbezüglich Vorbild war. Und so haben sie überwiegend Botschaften erhalten und verinnerlicht, die sie daran hindern, sich selbst zu lieben und ihren Stärken zu vertrauen.

Aus diesem Grund führen sie ein Leben, das sie unzufrieden und unglücklich macht, und sie spüren gleichzeitig tief im Innern eine unstillbare Sehnsucht nach Harmonie und Erfüllung.

Da sie nie gelernt haben, sich selbst wertzuschätzen, tragen sie ein ständiges Gefühl der Leere in sich und geben wiederum ihren Kindern dieselben negativen Botschaften weiter, ohne zu wissen, welch zerstörerische Kraft in ihnen liegt.

Dieses Buch hat sich zum Ziel gesetzt, ein Bewusstsein dafür zu schaffen, wie wichtig es ist, sich selbst zu respektieren. Es zeigt, wie sich Selbstachtung entwickelt und was Eltern und andere Bezugspersonen eines Kindes tun können, damit dieses ein gutes Selbstwertgefühl entwickelt. Darüber hinaus will es Erwachsenen helfen, sich selbst zu akzeptieren und ihren eigenen Wert als einzigartiger Mensch zu erkennen.

Wir hoffen sehr, dass dieses Werk Ihnen auf Ihrem Weg zu mehr Selbstachtung ein wertvoller Begleiter ist, denn:

Selbstachtung ist die Quelle aller Lebensfreude.

Ich achte mich selbst

Im ganzen Universum gibt es kein Geschöpf,
das mir exakt gleicht. Ich bin ich, und alles,
was ich bin, ist einzigartig.

Ich bin für mich selbst verantwortlich. Ich habe
alles, was ich hier und jetzt brauche, um mein
Leben in seiner ganzen Fülle zu leben.

Ich habe die Wahl: Ich kann das Beste
aus mir machen. Ich kann lieben, meine
Fähigkeiten entwickeln, meinem Leben Sinn
geben und die Ordnung der Dinge entdecken.
Ich kann mich entwickeln, wachsen
und in Harmonie mit mir selbst, meinen
Mitgeschöpfen und Gott leben.

Ich bin es wert, akzeptiert und geliebt zu werden,
wie ich bin – hier und in diesem Augenblick.

Ich liebe mich. Ich akzeptiere mich.
Ich entscheide mich, von heute an mein
ganzes Potenzial zu leben.

1

Selbstachtung –
Was ist das eigentlich?

Das Maß an Selbstachtung, über das wir verfügen, hat Einfluss auf alles, was wir sagen, denken und tun.

Ein Mensch mit hoher Selbstachtung ist mit sich und seinem Leben im Reinen. Er weiß, was er will, und tut, was er tun möchte. Er handelt selbstbestimmt, steht für seine Fehler und Schwächen gerade und versucht nicht, anderen die Schuld zuzuschieben oder sich mit Ausflüchten und Entschuldigungen aus der Verantwortung zu stehlen.

Im Gegensatz dazu schlägt sich ein Mensch, der sich selbst wenig zu schätzen vermag, auf persönlicher, zwischenmenschlicher und beruflicher Ebene mit diversen Problemen herum. Er fühlt sich unzulänglich, unsicher und ist übertrieben selbstkritisch.

Bei jedem von uns liegt der Grad an Selbstachtung auf einer gedachten Skala irgendwo zwischen null und hundert. Kein Mensch verfügt unter allen Umständen über das Maximum an Selbstachtung, und niemandem mangelt es vollkommen daran.

Der Versuch einer Definition

Eine einfache, allgemeingültige Definition für »Selbstachtung« zu geben fällt nicht leicht. Allerdings besteht Einigkeit darin, dass sie zwei einander ergänzende Aspekte beinhaltet:

- das Wissen um die eigenen Fähigkeiten;
- die tiefe innere Überzeugung, als Mensch etwas wert zu sein.

Man könnte auch sagen, dass es bei der Frage nach der Selbstachtung um »Sein« und »Tun« geht.
Gradmesser unserer Selbstachtung ist z. B., wie sehr oder wie wenig wir uns für fähig halten, uns den Herausforderungen des Lebens zu stellen und Probleme zu meistern. Oder auch, wie sehr oder wie wenig wir uns selbst das Recht auf Glück, auf Freude, auf den konstruktiven Ausdruck unserer Einmaligkeit und Einzigartigkeit zugestehen.
Wer über eine hohe Selbstachtung verfügt, nimmt sich selbst als fähigen, achtenswerten Menschen wahr.

Wer über eine geringe Selbstachtung verfügt, glaubt, es nicht verdient zu haben, ein erfülltes Leben zu führen, er hält sich für nicht »gut genug«.

Bei den meisten Menschen ist das Maß ihres Selbstwertgefühls je nach Situation und Umständen mehr oder weniger stark ausgeprägt. Die einen hegen keinerlei Zweifel an ihren Fähigkeiten, empfinden sich aber nicht als liebenswert. Die anderen empfinden sich zwar als liebenswert, halten sich aber für unbegabt. Selbstachtung ist also stets eine »bewegliche Größe«, bei der es in der Regel um graduelle Abstufungen geht.

Je höher die Selbstachtung einer Person, desto mehr Kreativität bringt sie in ihre Arbeit ein, desto mehr positive zwischenmenschliche Beziehungen baut sie auf, desto mehr behandelt sie andere Menschen mit Respekt und desto weniger fühlt sie sich von ihnen bedroht.

Je mehr wir uns selbst achten, desto mehr Möglichkeiten eröffnen sich uns, ein glückliches Leben zu führen.

Bei einem Erwachsenen speist sich das Gefühl der Selbstachtung aus den tiefsten Schichten seiner Persönlichkeit. Es beruht auf dem, was wir über uns selbst denken, darauf, wie wir uns selbst sehen und wie wir zu dem Menschen stehen, der wir sind.

Nun ist aber nicht jeder von uns in einem Umfeld aufgewachsen, das die Entwicklung einer angemessenen Selbstachtung gefördert hat. Dann suchen wir als Erwachsene – meist vergeblich – nach jemandem oder etwas, der oder das uns das Selbstwertgefühl verschaffen kann, das wir so schmerzlich vermissen.

Und das ist der Haken an der Sache, denn als Erwachsene sind wir selbst dafür verantwortlich, Selbstachtung zu entwickeln. Niemand anderer vermag uns das Gefühl zu geben, dass wir liebenswert oder begabt sind. Nur wir allein können es hervorbringen, indem wir an uns selbst arbeiten.

Ein Mensch, der echte Selbstachtung entwickelt hat, muss nicht mehr so häufig mit anderen konkurrieren, weil er sich nicht länger ständig mit ihnen vergleicht. Er lebt weitgehend in Frieden und Harmonie mit sich selbst, bereit, die Herausforderungen des Lebens voller Neugier und Tatendrang anzunehmen.

Verwechseln Sie ein ausgeprägtes Selbstwertgefühl jedoch keinesfalls mit Hochmut (wozu wir alle gelegentlich neigen). Ein Mensch, der für sich selbst eine hohe Wertschätzung empfindet, ist weder arrogant noch eingebildet. Weder hat er den Drang, sich aufzublasen, noch hat er es nötig, andere herabzusetzen. Er ist sich seines und des

Wertes seiner Mitmenschen bewusst und verspürt keinerlei Bedürfnis, andere zur Seite zu drängen oder schlecht dastehen zu lassen, um sich in den Vordergrund zu spielen.

Ein Mensch mit hoher Selbstachtung kann sich gut einschätzen. Er weiß, was er kann und was nicht, und akzeptiert auch Kritik, die ihn in seiner Entwicklung voranbringt.

> Selbstachtung hat nichts mit dem Betrag zu tun, den Sie auf dem Konto haben oder Monat für Monat verdienen, auch nicht mit Ihrem Ruf, Ihrer Karriere, Ihrer Abstammung, Ihrem Aussehen, Ihrer Kleidung, Ihrem Schulabschluss, Ihrem Besitz, Ihrem Geschlecht oder dem Ort, an dem Sie wohnen … Nein, Selbstachtung ist schlicht der Respekt, den Sie sich selbst gegenüber zeigen und empfinden.
>
> *William J. McGrane*

Kurzer Fragebogen zur Selbstachtung

trifft zu　　　**trifft nicht zu**

	trifft zu		trifft nicht zu

- ☐ Ich gestehe Fehler ein. ☐
- ☐ Ich kann auf fremde Menschen zugehen. ☐
- ☐ Ich kann zu meinen Werten stehen, auch wenn andere sie nicht teilen. ☐
- ☐ Ich kann Komplimente problemlos annehmen. ☐
- ☐ Ich bin ganz ich selbst, auch wenn ich mit anderen zusammen bin. ☐
- ☐ Ich akzeptiere mich mit all meinen Fehlern. ☐
- ☐ Ich kann über meine Stärken sprechen. ☐
- ☐ Ich freue mich über den Erfolg anderer. ☐
- ☐ Ich vergleiche mich nicht mit anderen. ☐
- ☐ Ich fühle mich innerlich ruhig. ☐

☐	Ich kann Unterschiede zwischen mir und anderen akzeptieren.	☐
☐	Ich kann zu mir stehen.	☐
☐	Ich kann Liebe und Zuneigung zu anderen zeigen.	☐
☐	Ich mag mich und bin gern in meiner Gesellschaft.	☐
☐	Ich akzeptiere all meine Gefühle.	☐
☐	Ich glaube, dass ich einzigartig bin.	☐
☐	Ich bin gern mit mir allein.	☐
☐	Ich gestehe mir das Recht zu, spontan zu reagieren.	☐

Summe:

Auswertung: Je öfter Sie »trifft zu« angekreuzt haben, desto mehr Selbstachtung besitzen Sie.

Wie sich
Selbstachtung äußert

Ein Mensch, der über eine hohe Selbstachtung verfügt, weist bestimmte Eigenschaften auf, die für ein glückliches und erfülltes Leben unabdingbar sind.

1. Er akzeptiert, dass er als Mensch »unfertig« ist. Ihm ist bewusst, dass er nicht vollkommen ist und dass er das Ende seiner persönlichen Entwicklung noch nicht erreicht hat. Doch er weiß auch, dass dies seinem Wert als Mensch keinen Abbruch tut, und schämt sich nicht für das, was er ist, oder für die Irrtümer oder Fehler, die er begangen hat.
2. Er strebt danach, sich weiterzuentwickeln, sich selbst und andere immer besser kennenzulernen.
3. Er ist bereit, die eigenen Gewissheiten und Glaubenssätze kritisch zu überprüfen, wobei er mit seinen eigenen und den Ansichten anderer respektvoll umgeht.
4. Er ist offen und kontaktbereit, weil er mehr über seine Mitmenschen und die Welt, die ihn umgibt, erfahren will.

5. Er hat sich im Leben klare Ziele gesetzt und verschafft sich das Wissen und die Hilfsmittel, die er benötigt, um sie zu erreichen.
6. Er vermag zwischen Fakten, deren gedanklicher Interpretation und der emotionalen Reaktion auf sie zu unterscheiden und übernimmt die Verantwortung für seine Gedanken und Gefühle.
7. Er lebt im Hier und Jetzt, ohne das große Ganze aus dem Blick zu verlieren.
8. Er folgt einem bewusst gewählten Wertesystem und lässt sich nicht von den Ansichten seiner Umwelt steuern.

Zusammenfassend kann man sagen, dass ein Mensch mit hoher Selbstachtung in Harmonie mit sich und seiner Umwelt lebt und seine Würde sowie seinen Wert anerkennt.

Ob unsere Selbstachtung stark oder schwach ausgeprägt ist, ist ein wesentlicher Faktor für ein glückliches Leben. Denn viele Probleme, mit denen wir uns konfrontiert sehen – Angstzustände, Depressionen, Alkoholismus, Drogen- und Medikamentensucht oder Schulversagen –, haben ihre Ursache darin, dass wir uns selbst nicht ausreichend wertschätzen.

Allerdings sollten wir daraus nicht die irrige

Schlussfolgerung ziehen, dass wir über Verlusterfahrungen, Trauer, menschliches Versagen, Reue oder Niederlagen erhaben wären, wenn wir nur über das richtige Maß an Selbstachtung verfügen. Letzteres ermöglicht uns aber, solchen Erfahrungen anders, nämlich konstruktiv, zu begegnen.

Je nachdem, ob unser Selbstwertgefühl stark oder schwach ausgeprägt ist, lösen leidvolle Erfahrungen positive oder negative Reaktionsmuster aus, wie in der Grafik auf der rechten Seite veranschaulicht.

Im Zentrum beider Kreise stehen leidvolle Erfahrungen, denen wir im Laufe unseres Lebens zwangsläufig begegnen: Verlust, Tod, Schuld, Reue, Scheitern. Diese Erfahrungen wiederum lösen ganz normale emotionale Reaktionen aus: Wut, Trauer, Schuldgefühle, Angst (hier berühren sich die beiden Kreise). Entscheidend ist, wie wir mit diesen Emotionen umgehen.

Wir können – wie im linken Kreis dargestellt – unseren Groll pflegen, in Übellaunigkeit verfallen und uns als Opfer des Schicksals betrachten. Auf diese Weise rufen wir in uns das Gefühl der Hilflosigkeit und Verzweiflung hervor, was häufig zu einer Depression führt.

Oder wir entscheiden uns für eine konstruktive Reaktion, wie im rechten Kreis gezeigt, indem wir

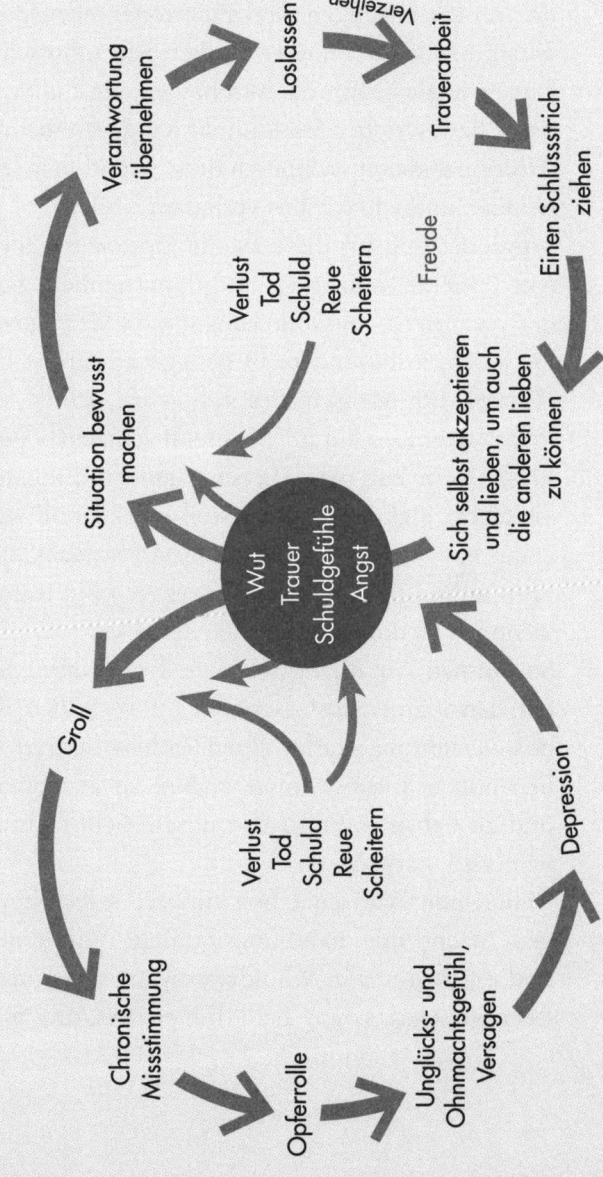

uns unsere schmerzhaften Emotionen ebenso bewusst machen wie unsere Stärken und Schwächen. Das ermöglicht uns zu entscheiden, welche Sichtweise bzw. welchen Standpunkt wir gegenüber den Auslösern dieser schmerzhaften Emotionen einnehmen und wie wir uns verhalten wollen.

Voraussetzung für diese zweite Option ist jedoch eine hohe Selbstachtung und damit einhergehend der verantwortungsvolle Umgang mit den eigenen Gefühlen, insbesondere in Bezug auf Verlust und Wandel. Ein Mensch, der sich selbst achtet, sagt nicht: »Der Kerl hat mich wütend gemacht!« oder: »Das Weib hat mein Leben ruiniert!«, sondern vielmehr: »Ich bin zornig, weil er dies und jenes getan hat« bzw. »Ich habe zugelassen, dass diese Frau mein Leben zerstört« oder: »Ich bin traurig, wenn ich an diesen Menschen denke«.

So können wir die notwendige Trauerarbeit leisten, den Schmerz loslassen und ggf. verzeihen, was uns wiederum gestattet, einen Schlussstrich zu ziehen und uns selbst sowie andere zu akzeptieren und zu lieben – und damit unsere Selbstachtung weiter zu stärken.

Mangelnde Wertschätzung unserer selbst hingegen macht uns handlungsunfähig. Wir grollen und ergehen uns in Schuldzuweisungen an unsere Umwelt. Und schon bald fühlen wir uns nicht mehr wohl in unserer Haut, ohnmächtig und in die Opferrolle gedrängt. Wir glauben, nicht die Energie und die Möglichkeiten zu haben, uns aus eigener Kraft aus der Misere zu befreien, und eilen so von Misserfolg zu Misserfolg. Dies ist ein sicherer Weg, um unglücklich und krank zu werden.

Es ist von größter Bedeutung für unser Leben, dass wir uns selbst achten, denn:

> Das, worauf der Geist seine Aufmerksamkeit richtet, bedenkt er.
> Das, was der Geist nicht bedenkt, lässt er unbeachtet.
> Das, was der Geist ständig bedenkt, das glaubt er und hält es für wahr.
> Das, was der Geist glaubt und für wahr hält, verwirklicht er am Ende.
>
> *Autor unbekannt*

2

Selbstachtung entwickeln als Erwachsener

Ein Spezialist für Reparenting (dt. »Neubeelterung«; eine Therapieform, die eingesetzt wird, um die Folgen mangelnder Zuwendung in der Kindheit zu behandeln) schrieb einmal: »Es ist nie zu spät für eine glückliche Kindheit!« Diesen Satz könnten wir für unsere Zwecke umformulieren und sagen: »Es ist nie zu spät, um Selbstachtung zu entwickeln!«

Hat ein Kind das Glück, einfühlsame Eltern zu haben, die ihm die richtigen Botschaften vermitteln, während es heranwächst, wird es automatisch lernen, sich selbst zu achten und wertzuschätzen – und damit den größten Schatz in sich tragen, den es gibt.

Haben aber die Eltern bzw. deren Stellvertreter oder andere wichtige Bezugspersonen dies versäumt oder sonstige Umstände es verhindert, wird das Kind sehr wahrscheinlich später auf verschiedene

Weise darunter leiden. Meist sind es schmerzhafte Erfahrungen wie Misserfolge, Scheidung, Arbeitslosigkeit oder Depression, die einem Menschen bewusst machen, dass es ihm an Selbstachtung mangelt. Dann muss er Mittel und Wege finden, um sie als Erwachsener nachträglich zu entwickeln.

Die erste Reaktion auf solche Herausforderungen ist häufig, dass sich der Betroffene zunächst einmal über sein Schicksal und seine Lebensumstände – seine Herkunft, seine mangelhafte Ausbildung, sein fehlendes Selbstvertrauen, sein Aussehen etc. – beklagt. Er erkennt, dass er als Kind von seinen Eltern und seiner Umwelt nicht bekommen hat, was er mit Recht erwarten durfte.

Vielleicht versucht er daraufhin, sich fortzubilden, abzunehmen, eine neue Stellung zu finden, um mit sich und seinem Leben wieder zufriedener zu sein. Doch selbst, wenn es ihm gelingt, diese Ziele zu erreichen und seine Lebensumstände zu verändern, wird er bald erkennen, dass ihm nach wie vor die wichtigste Voraussetzung für ein glückliches Leben fehlt – weil sich an seiner geringen Selbstachtung nichts geändert hat.

In den letzten Jahrzehnten haben sich zahlreiche Experten mit dieser Problematik beschäftigt und sind zu dem Ergebnis gekommen, dass der Grad an Selbstachtung eines Erwachsenen in direktem

Zusammenhang steht mit dem, was er denkt, genauer gesagt mit dem, was er über sich selbst denkt und sagt und wie er an ihn gerichtete Äußerungen anderer interpretiert. Äußere Faktoren spielen hingegen eine untergeordnete Rolle.

Wir selbst – und nur wir selbst – können unsere Lebensumstände positiv beeinflussen, indem wir mehr Selbstachtung entwickeln. Dieser Prozess verläuft in mehreren Schritten:

Sich das Problem bewusst machen

Eine große Zahl von Menschen leidet unter Einsamkeit, Angst und Anspannung, fühlt sich unverstanden und unbedeutend, ist kontaktscheu oder hat Schuldgefühle, ohne genau sagen zu können, warum. Andere leiden unter Depressionen, Erschöpfungszuständen und Antriebsschwäche, fühlen sich von ihren Mitmenschen verkannt und entwickeln einen wachsenden Groll auf ihre Umwelt. Dabei ist ihnen durchaus bewusst, dass es ihnen nicht gutgeht, aber sie erkennen die Ursache dafür nicht.

Was dem Großteil dieser Menschen fehlt, ist Selbstachtung. Oftmals lassen sie Tage, Monate oder sogar Jahre ungenutzt verstreichen, weil sie nicht wissen, wie sie ihre Situation verbessern könnten, und nicht verstehen, was sie in ihrer derzeitigen Lage hält.

Manche »übersetzen« ihr seelisches Leid in körperliche Beschwerden und verwenden in der Folge viel Zeit und Energie darauf, mithilfe verschiedenster medizinischer Therapien ihren Körper wieder »in den Griff zu bekommen« – ohne Erfolg, weil der Körper nicht die Ursache des Problems ist.

Wie kommt es, dass vielen Menschen nicht bewusst ist, was ihnen das Leben so schwermacht, und sie nicht erkennen, wie sie ihrem Leid abhelfen können? Virginia Satir, Pionierin der Familientherapie und bis heute eine ihrer bedeutendsten Vertreterinnen, schrieb im Vorwort zu einem Buch über Selbstachtung: »Ein Mensch mit geringer Selbstachtung hat einen bestimmten Lebensmodus entwickelt, an den er sich gewöhnt hat. Dieser ist wie ein alter Bekannter. Er ist weder angenehm noch gut, aber er ist da, und man kann sich auf ihn verlassen!«

Möglicherweise ist dies einer der Gründe, weshalb so viele Menschen sich ihr Leben lang mit einem geringen Grad an Selbstwertschätzung zufriedengeben.

Zunächst müssen wir also den Mangel an Selbstachtung, der unsere Entfaltung blockiert, erkennen und uns bewusst machen. Erst dann können wir darangehen, ihm abzuhelfen.

Kurzer Fragebogen zu Ihrer Selbstachtung

trifft zu **trifft nicht zu**

	trifft zu	trifft nicht zu
Ich glaube an mich.	☐	☐
Ich respektiere mich.	☐	☐
Ich tue, was ich gern tun möchte.	☐	☐
Ich habe das Recht auf ein glückliches Leben.	☐	☐
Ich übernehme die Verantwortung für meine Fehler und Probleme.	☐	☐
Ich bin spontan im Umgang mit anderen.	☐	☐
Ich sage Nein, wenn ich etwas nicht möchte.	☐	☐
Ich gehe auch mal ein Risiko ein.	☐	☐
Ich kann gut kommunizieren.	☐	☐

Summe:

Auswertung: Je öfter Sie »trifft nicht zu« angekreuzt haben, desto schwächer ist Ihre Selbstachtung ausgeprägt.

Im nächsten Schritt müssen wir die Vorstellung verinnerlichen, dass wir auch als Erwachsene – egal, wie alt wir sind – immer noch die Möglichkeit haben, unsere Selbstachtung zu stärken.

Wie wir bereits gesehen haben, geht es darum, unseren »Lebensmodus« zu verändern. Das braucht Zeit und Ausdauer, aber der Erfolg – ein glücklicheres Leben – wird Sie dafür entschädigen.

Nachdem wir uns bewusst gemacht und den Gedanken akzeptiert haben, dass eine Veränderung zum Besseren möglich ist, müssen wir verstehen, dass nur wir selbst dies zuwege bringen können. Ausschließlich wir selbst sind dafür verantwortlich, Selbstachtung zu entwickeln bzw. diese zu stärken. Hier, jetzt und heute gibt es niemanden, dem wir die Schuld für unsere Probleme in die Schuhe schieben können. Es ist allein unsere Entscheidung, ob wir uns aus unserer aktuellen Situation befreien wollen.

Das soll jedoch nicht heißen, dass wir diesen Weg ganz allein gehen müssen. Zur Unterstützung können wir uns z. B. eine geeignete Selbsthilfegruppe suchen oder eine Psychotherapie machen. Doch auch dann bleibt es dabei: Kein anderer kann diesen Weg für uns gehen. Es ist allein unsere Entscheidung und unsere Verantwortung.

Die innere und äußere Kommunikation verändern

Ein wesentlicher Schritt, um als Erwachsener mehr Selbstachtung zu entwickeln, besteht darin, dass Sie Ihre innere und äußere Kommunikation positiv (um)gestalten.

Innere Kommunikation

Wie wir im Kapitel über die Grundlagen der Selbstachtung gesehen haben, bilden die Botschaften, die wir als Kinder und Jugendliche von unseren Eltern und anderen Erwachsenen in unserer Umgebung empfangen haben, das Fundament dafür, wie hoch oder gering wir unseren Selbstwert schätzen. Wir haben diese Botschaften aufgenommen und sie immer wieder sowohl in unserem Bewusstsein als auch im Unterbewusstsein abgespeichert. Selbst wenn unsere Eltern schon lange tot sind, leben ihre Botschaften in uns weiter. Damit haben wir das mentale Erbe der Erwachsenen angetreten, die unser kindliches Umfeld geprägt haben, und ihre Botschaften sind uns stets gegenwärtig:

- »Du bist ungeschickt.«
- »Du bist dumm.«

- »Das schaffst du nie.«
- »Du wirst es nie zu etwas bringen.«

Diese schmerzhaften Werturteile, die wir als Kinder immer wieder zu hören bekamen, sagen wir uns nun selbst vor, wobei wir den Wortlaut im Laufe unseres Lebens manchmal sogar noch verschärfen. Botschaften wie diese sind ein Teil des Instrumentariums, mit dem wir unsere unterwickelte Selbstachtung permanent »pflegen«.

Diese Form der Kommunikation mit uns selbst, dieser manchmal nicht enden wollende innere Dialog bestimmt einen Großteil unseres Daseins, unseres Fühlens und Handeln.

Wir wissen aus der Neurolinguistischen Programmierung (NLP), dass unser Fühlen und Handeln weniger von konkreten Ereignissen bestimmt werden, sondern vielmehr von unserer Interpretation derselben, also davon, was wir uns selbst über uns und das Geschehen sagen.

Nehmen wir einmal an, Paul hat seinen Job verloren. Wenn seine Eltern dem kleinen Paul Tag für Tag vorgesagt haben, dass er dumm und zu nichts zu gebrauchen sei und es im Leben zu nichts bringen würde, so wird der erwachsene Paul seine Kündigung vermutlich ähnlich kommentieren: »Kein Wunder, dass man mich entlassen hat. Ich bin und bleibe ein Versager.«

Als Folge dieses inneren Dialogs, in den er sich verstrickt, wird sich in Paul vermutlich bald sehr viel Wut und Niedergeschlagenheit aufstauen. Er wird sich selbst hassen und noch ein Stück mehr an Selbstachtung verlieren – und damit auch seine Motivation, sich eine neue Stelle zu suchen, weil er davon überzeugt ist, den Anforderungen ohnehin nicht zu genügen.

Gleiche Situation, anderes Drehbuch: Peter wurde ebenfalls entlassen. Doch als Kind wurde er von seiner Umwelt positiv bestärkt: »Du darfst erfolgreich sein.« »Du bist wichtig.« »Du darfst um Hilfe bitten.« Diese Erlaubnis gibt sich der inzwischen erwachsene Peter jetzt ganz automatisch immer wieder selbst, und er glaubt, was er sagt. Natürlich macht es ihn traurig und auch ärgerlich, wenn er daran denkt, dass man ihm gekündigt hat, doch versinkt er angesichts dieser Situation nicht in Verzweiflung. Ganz selbstverständlich holt er sich Unterstützung und ist sicher, dass er bald wieder eine Anstellung findet. Nach wie vor ist er dem Leben und seinen Mitmenschen gegenüber positiv eingestellt. Und dank dieser zuversichtlichen Haltung findet er auch tatsächlich schnell wieder Arbeit.

In beiden Fällen ist die Ausgangssituation die gleiche: der Verlust des Arbeitsplatzes. Der entscheidende Unterschied liegt darin, wie die beiden

Betroffenen dieses Ereignis und ihre Fähigkeit, mit der Situation umzugehen, bewerten.

Vor diesem Hintergrund ist es wichtig zu wissen, dass wir unser Denken umprogrammieren und damit unsere Emotionen und unser Verhalten beeinflussen können. Sobald wir uns bewusst machen, wie wir in einer bestimmten Situation mit uns selbst umgehen, können wir uns entscheiden, ob wir einen konstruktiven oder einen destruktiven inneren Dialog in Gang setzen wollen.

Welche Art von innerem Zwiegespräch wir gewöhnlich mit uns führen, lässt sich ganz einfach herausfinden, indem wir uns in schwierigen Situationen einmal selbst beobachten. Von Menschen mit geringer Selbstachtung hört man dann häufig Sätze wie:

- »Das ist alles nur meine Schuld.«
- »Niemand mag mich.«
- »Die Leute erleben mich als Bedrohung.«
- »Jeder kommandiert mich nur herum.«
- »Ich zähle nicht.«
- »Meine Lage ist hoffnungslos.«
- »Ich bin immer der Angeschmierte.«
- »Niemand hört mir zu.«

Aussagen wie diese sind ein Indiz dafür, dass der Betreffende einen negativen inneren Dialog mit sich führt. Die Ursprünge dafür sind in aller Regel in den Botschaften zu suchen, die er als Kind von seinen Eltern und seinem Umfeld empfangen hat und die ihm so in Fleisch und Blut übergegangen sind, dass er sie als Erwachsener wiederholt, ohne es zu merken.

Daher gilt es als Erstes, uns bewusst zu machen, dass wir einen negativen inneren Dialog führen. Dann müssen wir herausfinden, aus welchen Aussagen er besteht. Die entsprechenden Sätze können wir beispielsweise in einem Heft notieren. Das macht es im Anschluss leichter, den inneren Dialog neu zu formulieren, indem wir uns selbst Dinge erlauben und uns stärkende Botschaften senden.

Anfangs mögen uns diese ungewohnten neuen Botschaften vielleicht falsch oder künstlich vorkommen, schließlich haben wir doch viele Jahre genau das Gegenteil zu hören bekommen. Doch wenn wir geduldig und beharrlich die alten, destruktiven Botschaften durch neue, konstruktive ersetzen, werden wir zwangsläufig unsere Selbstachtung stärken und damit unsere Emotionen und unser Verhalten positiv beeinflussen.

Äußere Kommunikation

Wie wir mit uns selbst kommunizieren, wirkt sich keineswegs nur auf unser Innenleben aus, sondern auch auf die äußere Kommunikation, unseren Kontakt mit der Außenwelt. Wenn unsere innere Elterninstanz uns ständig herabsetzt und kritisiert, wird sich dies auch in unserem Kommunikationsverhalten nach außen widerspiegeln. In diesem Fall neigen wir dazu, uns dafür zu entschuldigen, dass wir überhaupt da sind, stehen häufig zugunsten anderer zurück, möchten niemandem lästig fallen und versuchen oftmals, Dinge auf manipulative Weise zu bekommen, statt direkt danach zu fragen. Wir beklagen uns eher über das Schicksal, als dass wir die Verantwortung für unser Leben übernehmen, und die Vorstellung, vor anderen unseren Standpunkt zu vertreten, in der Öffentlichkeit das Wort zu ergreifen, jemandem etwas abzuschlagen oder den uns gebührenden Platz im Leben einzunehmen, macht uns Angst.

Ein konstruktiver innerer Dialog hingegen drückt Wertschätzung für uns selbst aus. Wir erteilen uns die Erlaubnis zu etwas, statt uns etwas zu verbieten. In der Folge ist auch unsere Kommunikation nach außen einfach, klar und frei von Furcht vor dem Gegenüber. Verändern wir also unseren inneren Dialog – das, was wir zu uns selbst sagen – zum Positiven, wächst automatisch unsere Selbstachtung. Und je mehr Selbstachtung wir besitzen, desto leichter fällt es uns, offen und konstruktiv mit anderen Menschen zu kommunizieren – was sich wiederum positiv auf unser Selbstwertgefühl auswirkt.

Falsches Denken korrigieren

Wie wir weiter oben gesehen gehaben, besteht der innere Dialog eines Menschen mit geringer Selbstachtung oftmals zu einem großen Teil aus negativen Botschaften, die er in der Kindheit verinnerlicht hat.

Jüngere Theorien aus dem Bereich der Verhaltensforschung erklären genauer, warum dies so ist. Der Psychiater und Begründer der T.E.A.M.-Therapie Dr. David Burns z. B. geht davon aus, dass Menschen, denen es an Selbstwertgefühl mangelt, irgendwann in ihrem Leben »fehlerhafte« Denkmuster entwickelt haben. Bei seinen Untersuchungen fand er zehn Grundmuster destruktiven Denkens, die durch ständiges Wiederholen die Situation des Betreffenden immer stärker beeinträchtigen.

Um diese ungünstigen Denkweisen ändern zu können, muss die betroffene Person sie aber zunächst einmal als solche erkennen. Die häufigsten »Denkfallen« sind die im Folgenden beschriebenen:

Alles oder nichts

Selten geht es im Leben wirklich um alles oder nichts, denn die wenigsten Dinge sind nur schwarz oder nur weiß. Wenn jemand sagt: »Ich bin so ungeschickt, ich habe noch nie etwas Vernünftiges zustande gebracht«, dann ist das so gut wie sicher falsch. Bestimmt hat auch dieser Mensch schon einmal »etwas Vernünftiges« gemacht, nur ist er sich dieser Tatsache in diesem Moment nicht bewusst!

Richtiger wäre stattdessen die Aussage: »Heute bin ich aber wirklich ungeschickt. Die Hütte für meinen Hund habe ich jedenfalls nicht richtig hingekriegt.« Genauer gesagt: »Ich bin heute ungeschickt und auch nur, was diese spezielle Aufgabe angeht.«

Verallgemeinerungen

»Ich hatte in meinem ganzen Leben noch nie Glück!« Diese resignierende Aussage entspricht sehr wahrscheinlich nicht den Tatsachen. Denn immerhin ist die Person, die das von sich behauptet, am Leben, sie kann sprechen und führt eine Unterhaltung mit einer anderen Person, zu der sie diesen Satz sagt. Und diese Liste ließe sich sicher noch fortsetzen.

Verallgemeinerungen führen schnell zu Verzagtheit und einer negativen Selbstwahrnehmung.

Negativfilter

»Diese Geburtstagsfeier ist der totale Reinfall. Es hat das ganze Wochenende geregnet. Ich hätte einfach im Bett bleiben sollen.« Hier werden nur die negativen Aspekte einer Situation wahrgenommen und alle positiven außer Acht gelassen. Viele Menschen mit geringer Selbstachtung sind geradezu Spezialisten für solch ein Verhalten. Sie sehen an ihrem Leben nur das, was fehlt, unerwünscht und problematisch ist. Dieses Denkmuster kann einen Menschen auf Dauer völlig mutlos machen.

Die eigenen positiven Seiten übersehen

»Ich bin doch ein Idiot! Jetzt bin ich wieder reingefallen!« Irrtum: Weil Sie sich einmal getäuscht haben, sind Sie noch lange kein Idiot oder Versager! Und Sie haben in Ihrem bisherigen Leben garantiert noch mehr und ganz anderes getan, als sich nur zu täuschen.

Voreilige Schlussfolgerungen

Wer häufig vorschnell negative Schlüsse zieht, untergräbt damit auf lange Sicht sein Gefühl für die eigene Kompetenz und damit für seinen Selbstwert. Hier einige Beispiele:

- »Die nehmen mich bestimmt nicht!«
- »Ich weiß genau, was er von mir denkt.«
- »Du wirst schon sehen: Das klappt nie!«

Wenn wir genauer über diese Sätze nachdenken, wird uns klar, dass wir definitiv nicht wissen können, wie jemand unsere Fähigkeiten einschätzt oder was er für eine Meinung von uns hat, solange wir nicht mit ihm gesprochen haben. Schließlich sind wir keine Hellseher. Und ebenso ist uns klar, dass wir durch sogenannte selbsterfüllende Prophezeiungen die besten Voraussetzungen für unser Scheitern schaffen. Konstruktive Alternativen zu den oben genannten Aussagen könnten hingegen so aussehen:

- »Ich bereite mich gut auf das Vorstellungsgespräch vor. Dann stehen meine Chancen nicht schlecht.«
- »Ich weiß nicht, was er von mir denkt. Aber es gibt keinen Grund, weshalb er eine schlechte Meinung von mir haben sollte.«
- »Ich kann mir gut vorstellen, dass das funktioniert.«

Übertreiben oder herunterspielen

Hier picken wir uns ein beliebiges Detail in unserem Leben heraus und verleihen ihm eine völlig übertriebene Bedeutung: »Mein Gott, wie sehe ich denn aus mit diesem Pickel auf der Nase? Alle werden mich anstarren wie eine Aussätzige!«

Bei anderen Dingen hingegen spielen wir die Bedeutung herunter: »Ja, ich habe den besten Abschluss gemacht, aber das war reines Glück. Bei der Prüfung kam ein Thema dran, das mir lag.«

Beide Haltungen deuten auf eine eher geringe Selbstachtung hin und können diese weiter untergraben.

Verallgemeinernde Aussagen aufgrund momentaner Gefühle

»Das ganze Leben ist ein einziges Trauerspiel!« Falsch! Das Leben ist nicht traurig, wir empfinden es nur gerade so. Die Aussage »In diesem Moment fühle ich mich traurig« entspricht dagegen weit mehr den Tatsachen.

»Man müsste/Man sollte …«-Botschaften

Viele Menschen sind davon überzeugt, dass sie bestimmte Dinge unbedingt tun bzw. sie auf eine ganz bestimmte Art und Weise tun sollten. Doch viele dieser »Man müsste ...«- und »Ich sollte unbedingt ...«-Vorstellungen sind Botschaften, die wir als Kind verinnerlicht haben, die für unser jetziges Leben aber längst keine Gültigkeit mehr haben. In diesem Fall ist es sinnvoll, sich davon zu lösen.

Etiketten

»Ich bin doch wirklich saublöd!« Sätze wie dieser sind für unsere Selbstachtung absolute Killerphrasen.
Sagen wir stattdessen: »Hier habe ich mich geirrt«, so ist das erstens sehr viel zutreffender und zweitens weit weniger deprimierend. Sich selbst – oder anderen – abwertende Etikette anzuheften macht uns das Leben nur unnötig schwer.

Schuldzuweisungen

»Ich bin so eine Null, ich habe meinen Job verloren.« Schuldzuweisungen dieser und ähnlicher Art sind ausgesprochen kontraproduktiv. Denn arbeitslos zu werden hat nichts damit zu tun, dass man eine »Null« ist oder sich als solche fühlt. Betriebsbedingten Kündigungen gehen in der Re-

gel zahlreiche wirtschaftliche und soziale Über-
legungen voraus. Auf eine Situation wie diese mit
Schuldzuweisungen an uns selbst oder andere zu
reagieren, untergräbt nur unsere Selbstachtung.

Viel zutreffender wäre, sich zu sagen: »Meine
Firma wird umstrukturiert, und ich bin einer von
30 Mitarbeitern, die aufgrund dessen entlassen
werden. Das ist im Moment eine schwierige Situation für mich, aber ich werde alles daransetzen,
bald eine neue Arbeit zu finden.«

Die Verantwortung für das eigene Leben übernehmen

Weiter vorn in diesem Kapitel haben wir uns schon
einmal mit dem Satz von Virginia Satir befasst:
»Ein Mensch mit geringer Selbstachtung hat einen
bestimmten Lebensmodus entwickelt, an den er
sich gewöhnt hat. Er ist wie ein alter Bekannter. Er
ist weder angenehm noch gut, aber er ist da, und
man kann sich auf ihn verlassen!«

Dieser Satz erklärt zumindest teilweise, warum
so viele Menschen sich zwar bewusst sind, dass
sie unglücklich sind, aber trotzdem nichts unter-
nehmen, um ihre Situation zum Besseren zu verändern.

Bei den meisten Menschen, die wir begleitet haben und die sich ein anderes Leben wünschten, war der Grund dafür Angst: Angst, sich auf unbekanntes Terrain zu wagen. Angst vor dem, was andere dazu sagen werden. Angst, nicht das nötige Wissen und die entsprechenden Fähigkeiten zu besitzen. Angst, zu scheitern und alles zu verlieren, was man aufgebaut hat. Diese Ängste sind oft das Produkt destruktiver Gedanken der Art, wie wir sie im vorhergehenden Abschnitt untersucht haben. Unsere Negativfilter, unsere Tendenz, die Risiken von Veränderungen überzubewerten, sowie überzogene Selbstkritik und Schuldzuweisungen an andere sind häufig die Schere, mit der wir unsere Wünsche beschneiden, sodass wir letztlich nicht vorankommen. Daher ist es ein sinnvoller erster Schritt, in Bezug auf unsere negativen Denkmuster eine Art Großreinemachen zu veranstalten und die Zügel unseres Lebens in die eigene Hand zu nehmen.

Zunächst einmal heißt das, sich bewusst zu machen, dass uns kein »Weißer Ritter« zu Hilfe eilen und die Verantwortung für unser Leben und unsere Zukunft abnehmen wird. Dafür sind allein wir zuständig. Eine gute Unterstützung auf dem Weg zu einem selbstverantwortlichen Leben können Ihnen die folgenden drei Fragen – bzw. Ihre Antworten darauf – geben:

Was will ich im Leben?

Die meisten Menschen können zwar sehr genau sagen, was sie nicht wollen, doch auf die Frage, was sie stattdessen möchten, fällt ihnen die Antwort bedeutend schwerer.

Dabei ist die Ausgangslage klar: Wenn ich mit dem Leben, das ich führe, glücklich und zufrieden bin, besteht kein Grund, sich über diese Frage den Kopf zu zerbrechen. Bin ich dagegen überwiegend unglücklich und führe nicht das Leben, das ich mir wünsche, ist es sinnvoll, mir über die Antwort Gedanken zu machen.

»Was will ich eigentlich im Leben?« Oder anders formuliert: »Was ist mir wichtig? Was hat Priorität in meinem Leben? Was gibt mir das Gefühl von Sinnhaftigkeit?«

Wenn es mein Lebensziel ist, harmonisch mit einem oder mehreren Menschen zusammenzuleben, die mich schätzen, unterstützen und lieben, diese Situation für mich aber nicht Realität ist, was kann ich ändern, damit sie sich einstellt? Wenn ich mir eine erfüllende Tätigkeit wünsche, bei der ich meine Kreativität ausleben kann, ich aber keine entsprechende Ausbildung habe, was kann ich tun, um das zu ändern und doch noch meinen Traumberuf zu ergreifen?

Wenn ich an einem Ort lebe, an dem ich mich nicht

wohlfühle, und mich das bedrückt, welche Möglichkeiten für einen Ortswechsel gibt es?

Natürlich werden wir nicht immer zu hundert Prozent das bekommen, was wir uns wünschen, aber solange wir gar nicht wissen, was wir eigentlich wollen, ist die Chance, unsere Träume wahr zu machen, noch viel geringer.

> Wer nicht weiß, welchen Hafen er ansteuert, für den ist kein Wind ein günstiger.
>
> *Seneca*

Indem wir möglichst präzise definieren, was wir im Leben erreichen und wir wie es gestalten möchten, lassen wir Zweifel, Unsicherheiten und Lebensüberdruss hinter uns, richten uns innerlich wieder auf – und entwickeln Selbstachtung.

Was fordere ich von anderen?

Eine Voraussetzung, um unsere Ziele zu erreichen und unsere Wünsche umsetzen zu können, ist im Allgemeinen, dass wir auf unsere Mitmenschen, auf unser Umfeld zugehen. Wenn wir von anderen geschätzt und respektiert werden möchten, dann müssen wir umgekehrt auch unseren Mitmenschen respektvoll begegnen. Dazu gehört, dass wir wissen, was genau wir von unserem Gegenüber möchten, und unsere Wünsche klar und auf angemessene Weise formulieren.

»Es ist doch immer das Gleiche. Nie hast du Zeit für mich!« Dem anderen Vorwürfe zu machen, anstatt ihm zu sagen, was wir von ihm wollen, ist eine recht zuverlässige Methode, nicht zu bekommen, was wir uns wünschen.

»Liebling, ich muss dringend etwas mit dir besprechen. Wann hast du mal fünf oder zehn Minuten Zeit für mich?« Auf klare Fragen wie diese bekommen wir gewöhnlich auch klare und zufriedenstellende Antworten.

Welche Wünsche sollte ich loslassen?

Diese dritte Frage ist von entscheidender Bedeutung. Nicht immer werden wir bekommen, was wir uns wünschen, und nicht immer werden die anderen unsere Forderungen erfüllen. Dann müssen wir mit der Enttäuschung fertigwerden und bestimmte Wünsche loslassen.

Eine Frau, die an einem unserer Workshops teilnahm, hatte für sich den Wunsch formuliert, »ihr Mann solle ihr zuhören«. Sie wiederholte diese

Bitte ihm gegenüber mehrfach, jedoch ohne Erfolg. Seine Antwort darauf lautete regelmäßig »Ja, natürlich!«, aber schon zwei Tage später steckte er abends seinen Kopf wieder wie gehabt in die Zeitung und setzte sich dann vor den Fernseher, ohne seiner Frau die gewünschte Beachtung zu schenken. Monatelang ging das so. Die Frau dachte schon über Scheidung nach, andererseits aber meinte sie, sie liebe ihren Mann, der abgesehen von dieser einen schlechten Angewohnheit ein guter Ehemann und Vater sei.

In dieser Situation ging ihr plötzlich auf, dass sie bisher noch keine Antwort auf die dritte Frage – Worauf muss ich verzichten? – gegeben hatte.

Ihr wurde klar, dass sich ihr Mann höchstwahrscheinlich nicht ändern und ihr Wunsch unerfüllt bleiben würde. Sie akzeptierte das und versuchte, ihr Bedürfnis nach Aufmerksamkeit auf andere Weise zu befriedigen, indem sie sich ehrenamtlich engagierte sowie diverse Kurse und Gruppen besuchte. Dort fand sie, was sie suchte: Menschen, die ihr zuhörten. Die Beziehung zu ihrem Mann besserte sich, während sie gleichzeitig neues Selbstvertrauen und mehr Lebensqualität erwarb.

Wenn wir uns entschließen, auf bestimmte Dinge zu verzichten, unseren Verlust zu betrauern und dann loszulassen, können wir einen Schritt weitergehen und eine unbefriedigende Situation hinter uns lassen.

Durch klar definierte Wünsche können wir Gefühle von Ohnmacht oder Resignation in uns verringern. Wenn wir wissen, was wir wollen, und das auch deutlich sagen, werden wir weniger Zorn und Groll in Bezug auf Mitmenschen empfinden, die unsere Bedürfnisse nicht »sehen«. Uns von Dingen innerlich zu verabschieden, beseitigt das Gefühl von Trauer und Hilflosigkeit, das sich einstellt, wenn wir nicht bekommen, was wir uns wünschen.

Die Verantwortung für unser Leben zu übernehmen heißt vor allem aber, dass wir – nachdem wir unsere Antworten auf die obigen drei Fragen gefunden haben – aktiv werden und uns vorwärts wagen.

Mitgefühl entwickeln

Ein Kritikpunkt taucht in der Diskussion um die Bedeutung der Selbstachtung immer wieder auf: »Führt es nicht dazu, dass die Menschen sich nur noch mit sich selbst beschäftigen, wenn man ihnen Möglichkeiten aufzeigt, ihre Selbstachtung zu steigern?« Ein weiterer häufiger Einwand lautet:

»Wäre es nicht sinnvoller, die Menschen dazu zu bringen, großzügiger mit sich und anderen und weniger egoistisch zu sein und nicht so viel Tamtam um die eigene Person zu machen?«

Diese Art von Bedenken wird gewöhnlich von Menschen vorgebracht, die Selbstachtung mit Ichbezogenheit verwechseln und glauben, jede Form der Selbstliebe möglichst kleinhalten und sich ganz der Nächstenliebe verschreiben zu müssen. Hier liegt jedoch ein gravierendes Missverständnis vor, denn heilige Schriften wie beispielsweise die Bibel betonen ganz klar beide Dimensionen der Liebe:

»Liebe deinen Nächsten wie dich selbst«, heißt es da ganz deutlich. Eine geringe Selbstachtung und ein Mangel an Selbstliebe hindern uns jedoch daran, unseren Nächsten uneingeschränkt und von ganzem Herzen zu lieben. Auch kann die Liebe, die ein Mensch, der sich selbst nicht liebt, anderen entgegenbringt, schnell zur Manipulation werden. Im Gegenteil: Je mehr ein Mensch sich selbst wertschätzt, desto mehr Liebe und Mitgefühl kann er anderen schenken.

Menschen, die sich geliebt wissen und ihren Fähigkeiten vertrauen, entwickeln ein Gefühl von Gewissheit und innerer Heiterkeit, das ihnen erlaubt, anderen in schwierigen Situationen beizustehen, ohne darüber selbst in Kummer zu versinken.

Interessant ist, dass sich vor allem Menschen mit einer ausgeprägten Selbstachtung als besonders mitfühlend erweisen. Tatsächlich scheint ihr Selbstwertgefühl sogar zu wachsen, je häufiger und je mehr Mitgefühl sie zeigen.

Mitgefühl zeigt sich in unserem ganz alltäglichen Verhalten, unter anderem darin, dass wir den Menschen in unserer Umgebung mit bedingungsloser Akzeptanz begegnen. Wir hören ihnen aufmerksam zu, beenden weder stellvertretend ihre Sätze, noch nehmen wir ihnen das Wort aus dem Mund. Wir sind in diesem Moment ganz für sie da, enthalten uns jeglichen Urteils und zeigen ehrliches Interesse sowie Verständnis.

Doch nicht nur unsere Mitmenschen, auch wir selbst profitieren von dem Mitgefühl, das wir anderen entgegenbringen. Je mehr wir unser Herz für andere und deren Sorgen öffnen, desto mehr haben wir das Gefühl, dass unser Leben »stimmt« und wir uns am richtigen Platz befinden. Das wiederum stärkt unsere Selbstachtung.

Mitgefühl zu empfinden und klare Werte zu vertreten, sich Probleme bewusst zu machen und die Verantwortung für das eigene Leben zu übernehmen sind also sowohl der äußere Ausdruck als auch die Basis eines ausgeprägten Selbstwertgefühls.

> In dem Maße, wie unser
> Mitgefühl wächst, wächst auch
> unsere Selbstachtung.

Die eigenen
Überzeugungen achten

Ein Mensch, der sich selbst eher gering schätzt, neigt dazu, sich seiner Umgebung anzupassen und sich »wegzuducken«, weil er nicht das nötige Selbstbewusstsein besitzt, um seinen Standpunkt zu vertreten und sich zu behaupten.

Möglicherweise harrt er sogar jahrelang in Situationen aus, die seinen innersten Überzeugungen widersprechen und ihn stark belasten. Doch dadurch, dass er den Kopf in den Sand steckt, wird seine sowieso schon schwach entwickelte Selbstachtung noch weiter ausgehöhlt und seine Lebensqualität in der Folge noch mehr leiden.

Unsere eigenen Überzeugungen zu achten – die wir durchaus immer wieder überprüfen und weiterentwickeln sollten – bedeutet, dass wir unsere ganz persönlichen Werte, Überzeugungen und Ideale in unserem alltäglichen Verhalten zum Ausdruck bringen. Oder mit anderen Worten: dass wir ein integres Leben führen.

Stehen unser Tun und Lassen nicht im Einklang mit unseren Überzeugungen, heißt das, dass wir uns selbst nicht ausreichend respektieren. Wir Menschen brauchen Überzeugungen und Werte, an denen wir unser Leben ausrichten, und wir sollten zu diesen aufrichtig stehen, wenn wir ein weitgehend harmonisches Leben führen und eine hohe Selbstachtung entwickeln wollen.

Doch dazu müssen wir unsere Überzeugungen und Werte erst einmal kennen. Das setzt eine genaue Betrachtung und Analyse unserer inneren Wertvorstellungen voraus. Möglicherweise liegt eine der Ursachen für unseren Mangel an Selbstachtung darin, dass wir Überzeugungen haben, die auf – meist in der Kindheit – falsch verstandenen oder falsch vermittelten Konzepten beruhen. So wird vonseiten der Kirche durch die einseitige Betonung von »Sünde«, des »Bösen« und der »dämonischen Kräfte« manchmal mehr die Schattenseite des Menschen und des Daseins in den Mittelpunkt gerückt, während Themen wie »Liebe« und das »Gute« nicht selten zu kurz kommen.

Wie ein Erwachsener zu handeln und die eigenen

Überzeugungen zu respektieren bedeutet auch, das eigene religiöse Erbe zu überprüfen und lebensfeindliche Regeln sowie Dogmen infrage zu stellen. Darüber hinaus heißt es, dass wir zu unserem Wort stehen, in Bezug auf unser Handeln verlässlich sind, in Übereinstimmung mit unseren moralischen Werten agieren und uns nicht auf fragwürdige Kompromisse einlassen. Wenn uns dies gelingt, werden wir nicht nur uns selbst achten, sondern auch von unseren Mitmenschen respektiert werden.

Dass wir unsere Überzeugungen achten, zeigt sich nicht zuletzt darin, dass wir uns zugestehen, unsere spirituelle Dimension zu leben, indem wir uns erlauben, diesen wichtigen Teil unseres Selbst – sei es durch Meditation, Gebet, das Lesen heiliger Schriften oder das gemeinsame Feiern der Messe – zu nähren und so alle Aspekte unseres Menschseins anzunehmen. Wer seine Werte achtet, stärkt gleichzeitig seine Selbstachtung.

3

Werkzeuge für mehr Selbstachtung als Erwachsener

Wie wir bereits gesehen haben, beginnt die Entwicklung von mehr Selbstachtung im Erwachsenenalter damit, dass wir uns in einem ersten Schritt bewusst machen, wo unsere Schwächen liegen. Als Nächstes verändern wir unsere innere und äußere Kommunikation, indem wir destruktive Gedanken und Vorstellungen durch konstruktive ersetzen. Zusätzlich stärken wir unsere Selbstachtung dadurch, dass wir Mitgefühl entwickeln und uns entscheiden, unsere Überzeugungen zu achten.

Im Folgenden möchten wir Ihnen einige Methoden vorstellen, die Sie bei diesem Prozess unterstützen und auf Ihrem Weg zu mehr Selbstachtung jeden Tag ein Stück voranbringen können.

Die Arbeit mit Affirmationen

Affirmationen sind »geistige Werkzeuge« und dienen dazu, tief verwurzelte Glaubenssätze zu verändern. Der Begriff »Affirmation« kommt vom lateinischen *affirmare*, was so viel wie »bekräftigen«, »befestigen«, »bestätigen« bedeutet. Bereits aus der Wortbedeutung geht hervor, dass wir mit dem Inhalt unserer Affirmationen übereinstimmen, ihn innerlich bejahen müssen. Wir können uns eine »Affirmation« als positiven Gedanken oder als Bild vorstellen, auf den bzw. auf das wir uns bewusst ausrichten, um ein gewünschtes Ergebnis zu erzielen. Affirmationen sind praktische und einfach zu handhabende Werkzeuge, um überholte, für unser gegenwärtiges Leben hinderliche Botschaften zu löschen. Werkzeuge, die uns ermöglichen, unser Leben selbst zu gestalten, und uns in unserer Entscheidung, Herausforderungen positiv gegenüberzustehen, bestärken. Affirmationen sind eine konstruktive Form des inneren Dialogs, die uns helfen, mehr Selbstachtung zu entwickeln.

Häufig lautet der erste Satz, den man von Menschen zu hören bekommt, die sich zu einer Psychotherapie entschließen: »Ich habe ja versucht, mich zu ändern, aber es hat nicht funktioniert.« Die

Erfahrung, dass es keine einfache Sache ist, die eigene Persönlichkeit zu ändern, löst bei vielen Betroffenen Gefühle der Ohnmacht aus, die sie die Schuld lieber bei anderen suchen lässt: »Würde sich meine Frau nicht ständig über alles aufregen, wäre alles in Ordnung!« Oder: »Wären meine Kinder nicht dauernd so aufsässig, hätten wir in unserer Ehe viel weniger Probleme!«

Wenn wir von jemand anderem erwarten, dass er sich ändert, damit sich für uns etwas ändert, beschränken wir unser eigenes Wachstum. Wir manövrieren uns damit in eine passive Position und überlassen es einem Außenstehenden, über unser Leben und unser Glück zu bestimmen.

Entschließen wir uns jedoch, mit den notwendigen Veränderungen bei uns selbst anzufangen und mehr Selbstachtung zu entwickeln, sollten wir die folgenden Aussagen annehmen und verinnerlichen:

Wir selbst sind die Schöpfer
unserer Gedanken und daher
auch dafür verantwortlich,
was wir denken.

An der Wahrheit dieser Aussage ändert sich auch dann nichts, wenn wir einwenden, dass die Botschaften, die wir als Kinder von unseren Eltern und unserem Umfeld empfangen haben, eine zentrale Rolle bei der eher mangelhaften Ausbildung unserer Selbstachtung gespielt haben. Wir können diese Prägungen nicht für den Rest unseres Lebens als Entschuldigung dafür benutzen, dass wir anderen die Schuld für unsere Probleme zuschieben und uns selbst weiterhin negative Botschaften senden, mit denen wir unsere Ohnmachts- und Minderwertigkeitsgefühle zementieren.

Akzeptieren wir, dass wir selbst die Schöpfer dessen sind, was sich in unserem Kopf abspielt, erkennen wir: »Wir können unser Leben ändern.« So, wie wir in der Lage waren, eine unfreundliche, traurige Innenwelt zu schaffen, so können wir auch den Bauplan ändern und unser Inneres mit Freude und schöpferischer Vielfalt erfüllen. Sich bewusst für diesen Schritt zu entscheiden bedeutet, den ersten Schritt zu mehr Selbstachtung zu tun.

> Das Leben ist
> ein Wachstumsprozess.

Solange wir leben, werden wir mit den unterschiedlichsten Herausforderungen konfrontiert, die sich immer auch als Chancen entpuppen können. In unserer Kultur hat es sich eingebürgert, dass wir Herausforderungen jeglicher Art schnell mit dem Wort »Problem« etikettieren, das im alltäglichen Sprachgebrauch häufig einen negativen Beigeschmack im Sinne von »unerwünschtes Hindernis, das sich uns in den Weg stellt« hat. Auf diese Weise empfinden viele Menschen ihr Leben als eine nicht enden wollende Abfolge von unwillkommenen Schwierigkeiten. Für sie gilt stets die Gleichung: Leben = Probleme.

Wir können uns aber nur dann ändern, wenn wir uns bewusst dafür entscheiden und bereit sind, die damit verbundenen Aufgaben – auch wenn sie uns zunächst schwierig erscheinen – anzunehmen. Ist diese Entscheidung einmal gefallen, können wir nach geeigneten Hilfsmitteln suchen, die es uns leichter machen, die angestrebten Änderungen umzusetzen.

Affirmationen sind solche Hilfsmittel. Die Grundidee jeder Affirmation ist: »Was du denkst, das wirst du, wenn du es nur lange genug denkst.« Grundsätzlich wirken Affirmationen also nach folgendem Muster:

Gedanke

Gewohnheit

Selbsteinschätzung

Alles beginnt mit einem Gedanken, der in unserem Bewusstsein erscheint. Halten wir diesen Gedanken lange genug fest, wird er zu einer Gewohnheit. Haben wir diese Gewohnheit einmal angenommen, wird sie zur Grundlage einer bestimmten Art der Selbsteinschätzung. Das funktioniert im Positiven wie im Negativen.

Nehmen wir als Beispiel ein Kind, dem ständig gesagt wird: »So dumm, wie du bist, wirst du es nie zu etwas bringen.« Wird diese Botschaft durch äußere Umstände wie schulische Probleme oder die Ablehnung durch andere Kinder verstärkt, setzt sie sich im Bewusstsein des Kindes fest. Allmählich glaubt es, dass diese Aussage wahr ist, und verhält sich schließlich so, dass sie sich auch erfüllt. Das Kind macht dumme Dinge, die wiederum seine Selbsteinschätzung als dumme Person verstärken. Und die negative Selbsteinschätzung wiederum hindert es daran, eine hohe Selbstachtung zu entwickeln.

Affirmationen formulieren

Damit Ihre Affirmationen die bestmögliche Wirkung erzielen und Sie Ihr Wunschziel erreichen, sollten Sie beim Formulieren folgende Regeln beachten:

1. Formulieren Sie Affirmationen stets im Präsens. Dieser Punkt ist besonders wichtig, da Sie auf Körper und Geist sowie auf deren Wechselbeziehungen nur in der Gegenwart Einfluss nehmen können. Machen wir unser Selbstbild davon abhängig, ob wir unsere Ziele erreichen oder nicht, so lautet unser innerer Dialog: »Ich werde mich mögen, sobald ich Erfolg habe.« Doch damit nehmen wir unserem Geist die Möglichkeit, im Hier und Jetzt Wohlbefinden herzustellen.

Hilfreicher ist folgende Affirmation: »Ich mag mich jetzt so, wie ich bin.« Diese Formulierung stärkt unsere Selbstachtung unabhängig davon, ob wir Bestätigung von außen erhalten.

2. Verwenden Sie das Pronomen »ich«. Sie können Affirmationen nicht für andere formulieren. Uns selbst so anzunehmen, wie wir sind, ist die beste Methode, auch von unseren Mitmenschen akzeptiert zu werden und unsererseits andere Menschen so zu akzeptieren, wie sie sind, mit all ihren Licht-

und Schattenseiten. Erst dieser Akt des Annehmens macht es möglich, dass sich in Bezug auf uns und unsere zwischenmenschlichen Beziehungen etwas ändert. Doch diese Veränderungen kann niemand außer uns selbst bewirken. Wir können unsere Ziele nur mit Affirmationen erreichen, die ausschließlich auf uns und unsere persönliche Situation zugeschnitten sind.

3. Formulieren Sie Affirmationen immer positiv. Der Körper ist der Diener des Geistes, und häufig tritt genau das ein, was wir erwartet haben. Man spricht in diesem Zusammenhang auch von selbsterfüllenden Prophezeiungen. Es ist daher ratsam, sehr genau auf die Wortwahl zu achten. Ein Beispiel: Gibt uns jemand auf die Frage, was er gern an seiner Arbeitssituation ändern möchte, zur Antwort: »Ich möchte mich bei der Arbeit nicht so unter Druck fühlen«, verwendet er eine negative Formulierung, mit der er genau diese Situation anzieht. Es handelt sich hier um ein universelles Gesetz, das sich vielleicht am besten so formulieren lässt: »Ein Übel, dem wir Widerstand leisten, setzt sich fest.« Immer, wenn wir sagen, dass wir etwas nicht wollen, versteht unser Körper dies als Aufforderung, diesen Zustand herzustellen.

Angenommen, jemand würde zu uns sagen: »Jetzt schließ deine Augen, und denk nicht an eine Fahne, die im Wind flattert.« Dann müssten wir zuerst eine Fahne im Wind vor unserem inneren Auge entstehen lassen, um sie uns dann nicht mehr vorzustellen ... Dabei wird die Energie des Gehirns in widersprüchliche Richtungen gelenkt, Verwirrung ist die Folge. Um es gar nicht erst so weit kommen zu lassen, formulieren wir das, was wir gern verwirklichen möchten, positiv. Der gestresste Arbeitnehmer aus unserem obigen Beispiel könnte seinen Veränderungswunsch z.B. besser so formulieren: »Bei der Arbeit bin ich von Ruhe und Frieden erfüllt.«

4. *Affirmationen sind umso wirksamer, je kürzer sie sind.* Kurze Affirmationen werden schneller und leichter Teil unserer Überzeugungen. Angenommen, unser gestresster Arbeitnehmer von eben sagt sich: »Immer wenn ich zur Arbeit gehe und viel zu tun habe, fühle ich mich ruhig und gelassen, während ich meine Aufgaben erledige.« Der Satz ist viel zu lang und zu umständlich. Wirksamer ist die folgende einfache Affirmation: »Bei der Arbeit bin ich gelassen.«

5. Affirmationen müssen eine präzise Bedeutung für uns haben. Wenn wir uns beispielsweise sagen, dass wir hier und jetzt alles haben, um glücklich zu sein, so verbinden wir mit dieser Aussage eine präzise Bedeutung, und das macht diese Affirmation sehr wirksam.

6. Affirmationen müssen zu unserer inneren Realität passen. Wenn wir mit Affirmationen arbeiten, ist es wichtig, dass diese nicht im Widerspruch zu unseren Werten und Überzeugungen stehen. Affirmationen, die mit unserer inneren Wirklichkeit harmonieren, entfalten große Wirkung, weil sie in der Lage sind, die inneren Widerstände aus alten Programmierungen zu überwinden.

7. Affirmationen sollten möglichst konkret sein. Formulieren wir Affirmationen zu allgemein, wirken sie kaum überzeugend auf unser Bewusstsein. Haben wir uns z. B. mit unserem Nachbarn so sehr zerstritten, dass wir uns nicht einmal mehr grüßen, so wird die Affirmation »Ich liebe meinen Nachbarn und seine Familie« keine Veränderung bewirken, da sie zu weit gefasst und zu allgemein ist. Wirkungsvoller ist, es für den Anfang mit folgender Affirmation zu versuchen: »Wenn ich meinen Nachbarn sehe, bleibe ich gelassen.« Das ist ein Ziel, das wir tatsächlich erreichen können. Je konkreter eine Affirmation ist, desto leichter kann unser Geist sie sich zu eigen machen.

8. *Affirmationen wirken nur, wenn sie häufig wiederholt werden.* Wir lernen durch Wiederholung, das wussten schon die alten Römer. Manchmal kann es notwendig sein, Affirmationen drei Monate lang bis zu 100-mal täglich zu wiederholen, damit sie Wirkung zeigen. Durch das regelmäßige Wiederholen prägt sich die Affirmation unserem Geist ein, und der neue gedankliche Inhalt verwurzelt sich. Auf diese Weise sinkt die Botschaft der Affirmation über das Bewusste ins Unbewusste ein.

Sie können Ihre Affirmationen auch auf ein Diktiergerät oder Ähnliches sprechen und sie sich immer wieder anhören. Oder Sie singen Ihre Affirmationen, was besonders Kinder gern mögen.

Der beste Zeitpunkt, um seine Affirmationen zu wiederholen, ist entweder kurz nach dem Aufwachen oder kurz vor dem Einschlafen, weil sie in diesen Momenten am leichtesten ins Unbewusste dringen.

Affirmationen sind deswegen so nützlich, weil sie negative Glaubenssätze neutralisieren, die wir gespeichert haben. Es gibt verschiedene Techniken, wie Sie Affirmationen noch leichter und schneller verinnerlichen können. Hier ein paar Anregungen:

- Schreiben Sie die Affirmation nieder, und lesen Sie sie gleichzeitig laut vor. Diese Methode verbindet zwei Sinneskanäle.

- Nachdem Sie die Affirmation niedergeschrieben und gleichzeitig laut vorgelesen haben, horchen Sie in sich hinein, welche Art von innerem Dialog die Affirmation ausgelöst hat. Schreiben Sie negative Wörter oder Sätze, die eventuell auftauchen, auf ein Blatt Papier, das Sie dann verbrennen oder auf andere Weise vernichten. Wiederholen Sie dies so oft, bis Ihr Geist ruhig geworden ist.

- Auch eine ebenso einfache wie nützliche kinesiologische Übung kann helfen, sich Affirmationen leichter anzueignen. Legen Sie die Spitzen von Daumen und Ringfinger zusammen, wobei Zeige- und Mittelfinger ausgestreckt sind. Legen Sie die Spitzen von Zeige- und Mittelfinger dann waagrecht oberhalb der Augen auf die Stirn, was die Punkte harmonisiert, die mit dem Abbau von emotionalem Stress verbunden sind. Wiederholen Sie nun Ihre Affirmationen, während Sie diese Punkte einige Augenblicke lang berühren.

So erreichen Sie mit Affirmationen Ihre Ziele

1. Überlegen Sie sich, in welchem Bereich Ihres Lebens Sie Veränderungen erreichen möchten (Beziehungen, Beruf, Selbstachtung).
2. Machen Sie sich klar, welche konkrete Veränderung in dem gewählten Bereich Sie anstreben.
3. Formulieren Sie Ihr Ziel in einem kurzen, prägnanten Satz.
4. Lassen Sie Ihr Bewusstsein sich mit dieser Affirmation »füllen«.
5. Wiederholen Sie Ihre Affirmation regelmäßig nach dem Aufwachen und vor dem Einschlafen.
6. Seien Sie geduldig, und bleiben Sie am Ball.

Mit Affirmationen zu mehr Selbstachtung

Die Macht der Worte ist einzigartig. Das gesprochene Wort kann mühelos unseren Körper und seine Reaktionen verändern. Dies können Sie selbst ganz einfach am kinesiologischen Muskeltest überprüfen. Sie brauchen dazu einen Partner, der für Sie

Versuchsperson spielt. Als Erstes drücken Sie den gerade nach vorn ausgestreckten Arm Ihrer »Versuchsperson« gegen deren Widerstand nach unten. So ermitteln Sie den normalen Grundwiderstand, bei dem der Arm gerade bleibt. Dann fordern Sie die Versuchsperson auf, dreimal mit lauter Stimme zu sagen: »Ich bin schwach und unbedeutend.« Wiederholen Sie anschließend den Muskeltest, werden Sie feststellen, dass der Arm nun deutlich schwächer ist. Anschließend lassen Sie Ihre Versuchsperson dreimal laut »Ich bin stark und bedeutend« sagen. Beim anschließenden Muskeltest werden Sie bemerken, dass der Arm seine ursprüngliche Kraft zurückerlangt hat. Aus der Psychoneuroimmunologie wissen wir, dass unsere Psyche einen entscheidenden Einfluss auf unser Nerven- und Immunsystem ausübt. Depressive Stimmungen, Resignation oder geringe Selbstachtung schwächen unseren Organismus, während Zuversicht, Freude und eine stark ausgeprägte Selbstachtung ihn stärken.

Affirmationen sind Sätze, aus denen eine bejahende Haltung unserem inneren Kern gegenüber spricht. Daher sind sie sehr wirksame Werkzeuge, um unsere Selbstachtung zu stärken. Folgende Affirmation beispielsweise kann uns helfen, unser Innerstes besser zu akzeptieren: »Ich bin, wie ich bin, und ich bin gut.« Mit anderen Affirmationen wie »Ich mag mich«, »Ich bin liebenswert und tüchtig«, »Ich bin mein bester Freund«, »Ich bin etwas Besonderes« oder »Ich bin einzigartig« können sowohl Kinder als auch Erwachsene mehr Wertschätzung für sich entwickeln. Forschungen haben gezeigt, dass starke Schamgefühle mit eine Ursache sein können für seelische Not, mangelnde Selbstachtung und eine ganze Reihe von Störungen im Sozialverhalten. In seinem Buch *Wenn Scham krank macht* unterscheidet John Bradshaw, ein US-amerikanischer Philosoph, Theologe und Psychologe, zwischen gesunden und krank machenden Schamgefühlen.

Gesunde Schamgefühle sind eine normale menschliche Reaktion, die sich einstellt, wenn wir uns verlegen, ertappt oder kritisiert fühlen. Zur Entwicklung krank machender Schamgefühle kommt es, wenn ein Kind negative Gefühle verinnerlicht und glaubt, grundsätzlich als Mensch nichts zu taugen. Ein Kind, das sich schuldig fühlt, wird sagen: »Ich habe etwas falsch gemacht.« Ein Kind, das sich seiner selbst schämt, wird dagegen sagen: »Ich bin schlecht.« Das Gefühl von Schuld zu empfinden bedeutet, dass uns bewusst ist, etwas Falsches getan zu haben, während Schamgefühle stets mit der Vorstellung der eigenen Minderwertigkeit zusammenhängen.

Affirmationen sind eine ebenso einfach anzuwendende wie wirksame Technik, die uns ermöglicht, den inneren Dialog, der die Wurzel unserer Schamgefühle ist, umzuschreiben. Immer wenn in unserem inneren Dialog ein Wort oder ein Satz auftaucht, der uns herabsetzt, sagen wir einfach: »Nein, das ist falsch.« Damit bringen wir unseren inneren Kritiker erst einmal zum Schweigen. Anschließend formulieren wir eine Affirmation, welche die kränkende Äußerung durch eine liebevolle Aussage ersetzt. Hier ein paar Beispiele:

- Aus »Ich bin schlecht« wird »Ich bin okay«.
- Aus »Ich hasse mich« wird »Ich mag mich«.
- Aus »Ich bin fett« wird »Ich mag meinen Körper«.
- Aus »Ich bin dumm« wird »Ich bin intelligent«.
- Aus »Ich bin ein Versager« wird »Ich bin ein Gewinner«.

Die Wirksamkeit von Affirmationen

Eine Affirmation ist wirksam, wenn wir mit ihrer Hilfe eine spürbare oder sichtbare Verbesserung in unserem Leben erzielen. Haben wir eine äußere Veränderung angestrebt, so wird das gewünschte Resultat sich auch in der Außenwelt zeigen. Haben wir eine innere Veränderung angestrebt, so wird sich der Erfolg unserer Bemühungen in gesteigertem seelischem Wohlbefinden ausdrücken. Das ist dann der Moment, in dem wir uns einem neuen Ziel zuwenden können.

Zusätzliche Anregungen zur Steigerung der Selbstachtung mithilfe von Affirmationen

- Sprechen Sie Ihre Affirmation auf ein Wiedergabegerät, und hinterlegen Sie sie mit entspannender Hintergrundmusik.
- Singen Sie Ihre Affirmation.
- Schreiben Sie Ihre Affirmation groß auf ein Blatt Papier, das Sie über Ihrem Bett an der Decke anbringen. So ist die Affirmation das Erste, was Sie morgens beim Aufwachen, und das Letzte, was Sie abends vor dem Einschlafen vor Augen haben.
- Schreiben Sie Ihre Affirmation auf ein Kärtchen, das Sie in Ihre Geldbörse stecken oder an die Kühlschranktür heften.

Affirmationen sind eine von vielen Methoden, wie wir unsere Selbstachtung auf ebenso einfache wie wirksame Weise stärken können, und die meisten Menschen kommen gut mit ihnen zurecht.

Das Auflösen von schädlichen Verhaltensmustern

Menschen mit geringer Selbstachtung neigen dazu, sich mit anderen zu vergleichen und sich dabei herabzusetzen. Meist haben sie an sich selbst – genau wie an ihren Mitmenschen – etwas auszusetzen, lassen an sich und anderen kein gutes Haar und verbreiten Gerüchte über andere, um sich selbst ein wenig besser zu fühlen. Dieses Verhalten führt jedoch nicht dazu, dass sie sich besser fühlen, ganz im Gegenteil.

Wollen wir also unsere Selbstachtung stärken, dann müssen wir künftig

- uns jeglicher Kritik an uns und anderen enthalten;
- aufhören, uns mit anderen zu vergleichen;
- darauf verzichten, uns in Schuldzuweisungen und Klagen zu ergehen.

Es ist sehr wichtig, dass wir darauf achten, was wir sagen, und dass wir andere nicht hinter deren Rücken schlechtmachen.

Ein gutes Mittel, um unsere innere und äußere Kommunikation auf schädliche Gewohnheiten zu prüfen, ist, unsere Worte die »drei Siebe« des

Ich mag mich so, wie ich bin

*(Zu singen auf die Melodie von
When The Saints Go Marching In)*

Ich mag mich selbst
So, wie ich bin,
Da gibt es nichts zu ändern.
Ich werde immer ganz ich selbst sein,
Da gibt es nichts zu ändern.
Ich bin fantastisch,
Und ich bin fähig,
Ganz mein bestes Selbst zu sein.
Ich mag mich selbst so, wie ich bin.
Ich mag mich selbst so, wie ich bin.

Ich mag dich grad so, wie du bist,
Da gibt es nichts zu ändern.
Du wirst immer ganz du selbst sein,
Da gibt es nichts zu ändern.
Du bist fantastisch,
Und du bist fähig,
Ganz dein bestes Selbst zu sein.
Ich mag dich grad so, wie du bist.
Ich mag dich grad so, wie du bist.

Ich mag mich selbst
So, wie ich bin,
Da gibt es nichts zu ändern.
Und ich hab trotzdem Lust zu wachsen,
Ich habe Lust zu wachsen.
Denn ich bin sicher,
Dass ich das schaffe
Und dass ich ganz fantastisch bin.
Dann kommt am Ende auch der Wandel,
Dann kommt der Wandel ins Leben.

Ich mag die Welt so, wie sie ist,
Da gibt es nichts zu ändern.
Ich weiß, dass alles, was ich richte,
Von Menschen getan wird wie mir.
Ich sag der Welt,
Dass nur die Liebe
Den Frieden auf diese Erde bringt.
Und ich lieb die Welt so, wie sie ist.
Ich lieb die Welt ganz, wie sie ist.

Jai Michael Josefs, 1979

Ich akzeptiere mich so, wie ich bin

Vergrößern, farbig ausmalen
und gut sichtbar anbringen …

Sokrates passieren zu lassen und uns folgende drei Fragen zu stellen:

- Ist das, was ich sagen will, wahr?
- Ist das, was ich sagen will, Ausdruck von Güte?
- Ist das, was ich sagen will, für andere von Nutzen?

Bleibt das, was wir sagen wollen, in einem dieser Siebe hängen, sollten wir besser schweigen.

Statt den soeben beschriebenen negativen Verhaltensmustern nachzugeben, die unsere Selbstachtung nur weiter schwächen, sollten wir konstruktive innere Haltungen einüben, beispielsweise:

Dankbarkeit

Ein Mensch mit geringer Selbstachtung neigt dazu, das sprichwörtliche Glas stets halb leer statt halb voll zu sehen, da er sich stärker auf die Dinge in seinem Leben konzentriert, die nicht wunschgemäß verlaufen. Ein äußerst wirksames Gegenmittel gegen diese pessimistische Sichtweise ist es, sich in Dankbarkeit zu üben. Das bedeutet, sich all die positiven Dinge, die das Leben für uns bereithält, und all das Gute, das wir von den Menschen in unserem Leben empfangen haben, bewusst zu machen und unsere Dankbarkeit gegenüber den

Menschen, mit denen wir in Berührung kommen, zum Ausdruck zu bringen.

Großzügigkeit

Uns bewusst zu machen, wie viel wir eigentlich besitzen, und dies dankbar zu würdigen, lässt uns erkennen, dass wir geben können, ohne uns vor Mangel fürchten zu müssen. Ganz im Gegenteil: Indem wir geben, schaffen wir Raum, der uns mehr empfangen lässt.

Sich in Großzügigkeit zu üben, ist eine weitere gute Möglichkeit, um unsere Selbstachtung zu stärken. Und es gibt so vieles, das wir geben können:

- Liebe
- Zeit
- Aufmerksamkeit
- Hilfe
- Materielle Güter
- Finanzielle Unterstützung
- Zuspruch und Bestärkung.

Gelegenheiten, etwas zu geben, bieten sich immer und überall, und wir können noch heute, gleich in diesem Augenblick damit anfangen.

Sich ein Ziel zu setzen und mit aller Entschlossenheit und ganzem Einsatz darauf hinzuarbeiten, ist ebenfalls eine zuverlässige Methode, um mehr Selbstachtung zu entwickeln.

Im ersten Kapitel hatten wir Selbstachtung so definiert, dass sie vor allem auf zwei Säulen basiert: auf der Überzeugung, als Mensch von Wert zu sein, und auf der Gewissheit, bestimmte Fähigkeiten und Fertigkeiten zu besitzen.

Wenn wir eben gesagt haben, dass wir unsere Selbstachtung stärken können, indem wir uns ein Ziel setzen und entschlossen auf seine Verwirklichung hinarbeiten, so müssen wir noch ergänzen, dass es dabei nicht auf das Ziel als solches ankommt. Ob es nun um persönliche Ziele geht, wie das Rauchen aufzugeben, abzunehmen, in bestimmten Situationen für sich einzustehen oder täglich zwanzig Minuten zu Fuß zu gehen, oder um berufliche Ziele, wie eine Prüfung zu bestehen oder einen neuen Job zu finden, spielt keine Rolle. Entscheidend ist vielmehr, dass wir das, was wir uns vornehmen, auch erreichen können.

Manch einer verliert den Mut, weil er sich ein unrealistisches Ziel gesteckt hat oder erwartet, postwendend Erfolg zu haben. Daher ist es wichtig, dass wir uns klar definierte Ziele setzen, die wir auch tatsächlich erreichen können. Haben wir eine Etappe erfolgreich gemeistert, packen wir die nächste an. Je mehr Erfolge wir auf diese Weise »einheimsen«, desto mehr stärkt das unsere Selbstachtung.

Unser menschliches Da-Sein auf dieser Welt ist ein stetiges Unterwegs-Sein. Wir sind dazu bestimmt, zu wachsen und Grenzen zu überwinden. Genau dadurch entwickeln und erhalten wir uns unsere Selbstachtung.

Das Gebet des spirituellen Kriegers

Ich bin, was ich bin.
Aus meinem Glauben an die Schönheit in mir
entwickle ich Vertrauen.
In der Sanftheit liegt meine Stärke.
Im Schweigen wandele ich mit den Göttern.
Im Frieden verstehe ich mich und die Welt.
Im Streit entferne ich mich.
Im Nichtverhaftetsein bin ich frei.
Durch die Achtung aller Dinge achte ich mich selbst.
In Hingabe ehre ich den Mut in mir.
In Ewigkeit habe ich Mitgefühl
für das Wesen aller Dinge.
In Liebe nehme ich die Evolution
der anderen bedingungslos an.
In Freiheit habe ich Macht.
Durch meine Individualität bringe ich
die Gotteskraft in mir zum Ausdruck.
Im Dienen gebe ich von dem, was ich geworden bin.
Ich bin, was ich bin:
Ewig, sterblich, allumfassend und grenzenlos.
Und so sei es.

Stuart Wilde, Affirmationen.
Gedanken haben Schöpferkraft

Kreatives Visualisieren

Zum Einstieg in dieses Kapitel möchten wir Ihnen eine wahre Geschichte erzählen. Eine nicht mehr ganz junge Frau hatte beschlossen, den Führerschein zu machen. Sie hatte bereits eine erkleckliche Anzahl von Fahrstunden absolviert, und ihr Fahrlehrer sagte, sie sei nun bereit für die Prüfung. Doch im Gespräch mit uns meinte sie: »Ich sehe mich schon durchfallen. Wissen Sie, mir ist im Leben schon so viel misslungen.« All ihre Verwandten und Freunde machten ihr Mut und bestärkten sie, doch als dann der Tag der Fahrprüfung kam, fiel die Frau prompt durch. »Ich habe es gewusst«, war alles, was sie dazu sagte.

Sie hatte es gewusst! Das heißt, sie hatte in ihrem Kopf ein Bild geschaffen, in dem sie sich scheitern sah. Leider wusste die Frau nicht, was wir heute wissen, nämlich dass die Gedanken und Bilder in unserem Geist die Auslöser für die Ereignisse sind, die in unserem Leben eintreten. Die Gedanken und Bilder, die wir im Geist erschaffen, stellen also so etwas wie eine Voraussage dar, die zu gegebener Zeit eintrifft.

Visualisierungen wirken wie Affirmationen auf unser Unbewusstes und beeinflussen von dort aus die Ebene unseres bewussten Geistes. Dem Psychologen E. Arthur Winkler zufolge ist es eines der Hauptkennzeichen unseres Unbewussten, dass es für Suggestionen empfänglich ist. Wir können es beeinflussen und lenken, während es seinerseits auf unseren Körper einwirkt.

Beim kreativen Visualisieren, manchmal auch »geistiges Bilderleben« genannt, erzeugen wir mittels unserer Vorstellungskraft bewusst Bilder in unserem Geist. Diese Bilder verbinden sich im Allgemeinen mit bestimmten Klang-, Geruchs-, Geschmacks- und Bewegungseindrücken zu einer Art Gesamteindruck, der alle unsere Sinne mit einbezieht, wobei es nicht notwendig ist, dass sich ein gestochen scharfes Bild vor unserem geistigen Auge entfaltet.

Das kreative Visualisieren beruht auf folgenden drei Grundprinzipien:

1. Unsere Erfahrung wird von dem bestimmt, was wir in Bezug auf uns selbst und die Welt für wahr halten.
2. Unsere Vorstellungsbilder sind eine Vorhersage der Ereignisse, die eintreten werden.
3. Wir bekommen im Leben das, was wir vom Leben erwarten.

Zu visualisieren bedeutet in gewisser Weise, dass wir in unserem Kopf unseren ganz persönlichen Film ablaufen lassen, bei dem wir Produzent, Regisseur und Hauptdarsteller in einer Person sind. Die schöpferische Visualisierung ermöglicht uns,

- unser Bewusstes mit den Inhalten zu füllen, die wir verwirklicht sehen wollen, z. B., dass wir eine Prüfung bestehen oder mit unserem Partner harmonisch kommunizieren;
- die Macht unserer Vorstellungskraft zu unseren Gunsten zu nutzen;
- Informationen aus unserem Unterbewusstsein zu erhalten;
- unsere Organe und ihre Funktion positiv zu beeinflussen.

Wie funktioniert kreatives Visualisieren?

1. Das physische Universum ist seiner Natur nach »Energie«. Wenn uns die Welt auch als fest und aus einzelnen Objekten bestehend erscheint, so verbergen sich dahinter jedoch subtilere Ebenen, die sich aus immer kleineren Bestandteilen zusammensetzen. Auch unsere Gedanken haben diese energetische Basis, über die sie auf unseren Körper und unsere Umgebung einwirken.

2. Die Energie ist »magnetisch«. Energie einer bestimmten (Schwingungs-)Qualität neigt dazu, Energie von ähnlicher (Schwingungs-)Qualität anzuziehen. Genau das passiert, wenn wir »zufällig« jemanden treffen, an den wir gerade gedacht haben, oder über ein Buch »stolpern«, das genau die Informationen enthält, die wir gerade benötigen.

3. Wir ziehen das an, dem wir die meiste gedankliche Energie widmen. Es treten die Dinge in unser Leben, an die wir am meisten denken, an die wir am stärksten glauben und die wir uns aus tiefstem Herzen wünschen.

Wie und wann sollten wir visualisieren?

Wir können die kreative Visualisierung verwenden, um unsere Lebensqualität und unsere Selbstachtung zu verbessern, Beziehungsprobleme zu lösen, Krankheiten positiv zu beeinflussen und uns beruflich oder anderweitig auf Erfolgskurs zu bringen.
Um zu visualisieren, müssen Sie weder einen Kurs belegen noch irgendeine Spezialausrüstung anschaffen. Am Anfang ist es hilfreich, wenn Sie zum Visualisieren einen ruhigen Ort wählen, an dem Sie sich gut entspannen können und nicht gestört werden. Setzen oder legen Sie sich bequem hin,

zählen Sie langsam von zehn rückwärts, und gehen Sie dann zur eigentlichen Visualisierung über.

Ob wir glücklich oder unglücklich sind, hängt von den Gedanken und Gefühlen ab, die in unserem Geist vorherrschen. Häufig sind es schmerzhafte Kindheitserinnerungen, die unser Glück und unsere Selbstachtung torpedieren.

Doch es ist möglich, unser inneres Kind zu heilen und an Selbstachtung zu gewinnen. Eine entsprechende Visualisierung möchten wir Ihnen im Folgenden vorschlagen. Erwarten Sie aber bitte keine plötzliche Wunderheilung. Die Heilung mithilfe von Visualisierung erfolgt in kleinen Schritten, die Sie Schicht um Schicht genesen lassen.

Wir empfehlen Ihnen, den folgenden Text entweder aufzunehmen oder jemanden zu bitten, ihn langsam für Sie vorzulesen.

Deine Augen schließen sich … Stell dir vor, wie eine Woge der Entspannung durch den Scheitel in dich eintritt. Sie breitet sich im ganzen Körper aus, erfasst sämtliche Muskeln vom Kopf bis zu den Zehen. Du bist ganz gelöst, ganz entspannt.

Stell dir nun vor, dass du ein Baby bist, das Baby, das du in den ersten sechs Monaten deines Lebens warst. Schau dir dieses Kind an, es steckt so voller Gaben, die es entfalten kann. Dieses Baby erwartet voller Vertrauen alles von den Menschen, die es umgegeben – Liebe, Nahrung, Schutz ...

Wie hast du dich in diesem Alter gefühlt? Wie warst du angezogen? Wie siehst du auf den Fotos aus, die von dir als Baby gemacht wurden? Hattest du Geschwister? Wo habt ihr gewohnt?

Jetzt stell dir vor, wie du als Erwachsener dieses Baby in den Arm nimmst und voll Liebe zu ihm sagst:

... (Setzen Sie hier Ihren Vornamen ein).
Ich freue mich, dass du da bist.
Ich werde dich beschützen.
Du hast das Recht auf Nähe.
Du hast ein Recht darauf, zärtlich berührt zu werden.
Für deine Bedürfnisse wird mit Liebe gesorgt werden.
Ich bin da, um auf dich aufzupassen.
Ich werde für dich da sein, solange du mich brauchst.
Es ist genug Liebe da für alle, darauf kannst du vertrauen.
Ich liebe dich.

Nachdem du dem Baby all diese wichtigen Dinge gesagt hast, legst du es sanft zurück in sein Bettchen, damit es sich ausruhen kann ...

Stell dir dich jetzt als Kind im Alter von sechs
Monaten bis zu drei Jahren vor. Das Kind, das du
warst ... Schau dir dieses wunderbare Kind an, das
zu gehen und zu sprechen lernt und voller Neugier
seine Umgebung erforscht. Dieses Kind steckt vol-
ler Leben und Vertrauen. Sieh ihm dabei zu, wie
es seine ersten Schritte macht. Höre, wie es seine
ersten Wörter sagt ...
Wie ist dieses Kind angezogen? Wo spielt es? ...
Stell dir jetzt vor, wie dieses Kind mit ausgestreck-
ten Armen auf dich zuläuft und du es umfängst
und hochhebst ... Während du das Kind umarmst
und es seinen Kopf an deine Schulter legt, sagst du
ihm, wie gern du es hast, wie wichtig es dir ist.
Schicke ihm mit sanfter Stimme die folgenden Bot-
schaften:
... (Setzen Sie hier Ihren Vornamen ein).
Du bedeutest mir sehr viel.
Du darfst Nein sagen.
Du darfst Dinge allein tun.
Du hast das Recht, Dinge auszuprobieren und
Misserfolg zu haben.
Auch wenn du dich widersetzt, werde ich dich
nicht zurückweisen und mich nicht lustig über
dich machen.
Du hast das Recht, so zu sein, wie du bist.
Ich mag dich, und ich beschütze dich.

Du darfst neugierig sein, Unordnung machen und lebhaft sein.
Ich akzeptiere alles, was du tust.

Setze nun das Kind wieder ab, und spiel mit ihm, solange es Lust hat. Wenn es etwas anderes machen und gehen will, dann lass es gehen.
Nimm als Nächstes Kontakt zu dem Wesen auf, das du im Alter zwischen drei und sechs Jahren warst, zu diesem quirligen, empfindsamen Kind, das seinen Körper und seine Umwelt entdeckt. Sieh das Kind an, und gehe auf dieses kleine Wesen zu. Gewinne sein Vertrauen, und spiel mit ihm. Jetzt nimm es auf die Knie, und sage:
... (Setzen Sie hier Ihren Vornamen ein).
Ich bin so stolz auf dich, ich mag dich so, wie du bist.
Du bedeutest mir viel.
Es gefällt mir, dass du Dinge ausprobierst und alles erkundest.
Ich mag den Menschen, der du bist.

Sag dem Kind nun, dass du ihm eine Geschichte erzählen wirst, wenn es mag, und lass es danach spielen gehen.
Nun nimmst du Kontakt zu dem Kind auf, das du zwischen sechs und zwölf Jahren warst, dem Kind,

das jetzt in die Schule geht und dort vielleicht Probleme hat. Diesem Kind, das so schnell groß wird und dennoch so viel Liebe und Unterstützung braucht. Schau dieses Kind liebevoll an, lade es ein, sich dir gegenüber hinzusetzen und sich mit dir zu unterhalten. Dann sieh ihm in die Augen und sage: ... (Setzen Sie hier Ihren Vornamen ein).

Ich bin gern mit dir zusammen.
Es gefällt mir, dir dabei zuzusehen,
wie du größer wirst.
Ich weiß, dass du das Zeug dazu hast,
alles zu machen, was du gern machen möchtest.
Ich habe volles Vertrauen in dich.
Wenn du meine Hilfe brauchst, helfe ich dir gern.

Anschließend hör ihm zu, während es dir erzählt, wie es ihm geht. Widme ihm deine ungeteilte Aufmerksamkeit, und lass es gehen, sobald es möchte. Wende dich nun langsam wieder deiner Atmung zu, spüre deinen Körper, mach dir bewusst, wo du dich befindest ... Von Frieden und Heiterkeit erfüllt, öffnest du langsam die Augen ...

4

Selbstachtung bei Kindern fördern

Wie wir bereits im ersten Kapitel gesehen haben, ist eine hohe Selbstachtung eine tragende Säule eines erfüllten und glücklichen Lebens. Vor diesem Hintergrund stellt sich uns eine entscheidende Frage: *Was muss von erzieherischer Seite her geschehen, damit Kinder lernen, sich zu achten und wertzuschätzen?*

Eric Berne, Begründer der Transaktionsanalyse, hat herausgefunden, dass ein Kind drei grundlegende Arten von Bedürfnissen hat, die seine Eltern – und natürlich auch jeder andere Erwachsene, der sich um das Kind kümmert – erfüllen sollten.

Ein Kind braucht wie jeder Erwachsene oder Jugendliche Anregung, Zuwendung und einen strukturellen Rahmen. Sind diese Voraussetzungen erfüllt, kann sich das Kind ungehindert entfalten und zu einem Menschen mit hoher Selbstachtung heranwachsen.

Positive Botschaften
für eine positive Entwicklung

Doch die Rolle der Eltern erschöpft sich natürlich nicht in der Erfüllung dieser drei elementaren Grundbedürfnisse. Sie geben ihrem Kind – sei es verbal, durch Gesten oder über ihr Verhalten – viele Botschaften mit auf den Weg, welche die Entwicklung der kindlichen Selbstachtung ebenfalls fördern oder hemmen können.

Deshalb haben einschlägige Experten positive Botschaften formuliert, von denen Sie die wichtigsten im Anschluss finden, jeweils sortiert nach Entwicklungsphasen. Sie bilden eine optimale Grundlage für Selbstachtung, wenn sie dem Kind aufrichtig und liebevoll vermittelt werden.

Dazu reicht es jedoch nicht aus, dem Kind diese Sätze einfach nur vorzubeten. Kinder merken sehr schnell, wenn das, was Erwachsene ihnen sagen, nicht mit deren Stimme, deren Körpersprache oder dem Grad an Zuwendung und Unterstützung, den sie ihrem Nachwuchs im Alltag tatsächlich zuteilwerden lassen, korrespondiert. Wichtiger als unsere Worte sind also unsere innere Einstellung und unser Verhalten.

Ein chinesisches Sprichwort bringt diesen Sachverhalt sehr schön zum Ausdruck: »Was du bist, spricht so laut, dass ich nicht höre, was du sagst.« Anders ausgedrückt: Letztlich zählt das, was wir dem Kind vorleben.

Trotzdem ist die Bedeutung verbaler Botschaften nicht zu unterschätzen. Sie können die dem Alter Ihres Kindes entsprechenden nachfolgenden Botschaften auswendig lernen und sie ihm des Öfteren vorsagen. Aber Sie können diese auch irgendwo gut sichtbar anbringen oder sie auf bunte Kartonscheiben schreiben, die in einem Korb neben dem Bett Ihres Kindes aufbewahrt werden. Wenn Sie Ihr Kind abends zu Bett bringen, können Sie es ermuntern, eine Karte aus dem Korb zu ziehen, und ihm die Botschaft mehrmals laut vorlesen. Kinder mögen solche Gute Nacht-Rituale meist sehr gern. Ein anderer Vorschlag für ein Ritual ist, dass sich die ganze Familie in regelmäßigen Abständen versammelt und reihum die Botschaften vorgelesen werden, die dem Alter des Kindes entsprechen.

Da eine der Grundlagen für Selbstachtung das Gefühl ist, etwas zu können, besteht eine der wichtigsten Aufgaben von Eltern und Erziehern darin, dem Kind immer wieder neue Aufgaben zu stellen und es bei deren Bewältigung zu unterstützen.

Botschaften an das Kind in der vorgeburtlichen Phase des »Werdens«

Grundvoraussetzung für eine positive Entwicklung in der Phase von der Empfängnis bis zur Geburt ist, dass die Eltern sich das Kind gewünscht haben und die Schwangerschaft als etwas Positives sehen. Dazu gehört auch, dass die Mutter in dieser Zeit gut auf sich selbst achtet und der Vater sie unterstützt und schützt.

Wir wissen heute, dass der Fötus die Stimmen von Mutter und Vater erkennt. Daher ist es wichtig, mit dem Kind schon im Mutterleib zu sprechen. Folgende Botschaften sind in dieser Zeit zentral für das sich entwickelnde Kind:

- »Ich freue mich, dass es dich gibt.«
- »Deine Bedürfnisse und deine Sicherheit sind mir wichtig.«
- »Wir sind miteinander verbunden, und du bist ein ganzer Mensch.«
- »Du kannst auf die Welt kommen, sobald du dafür bereit bist.«
- »Dein Leben gehört dir.«
- »Ich liebe dich so, wie du bist.«

Botschaften an das Kind in der Phase des »Seins«

In den ersten sechs Monaten entwickelt das Kind eine spezielle Beziehung zu seiner Mutter und anderen relevanten Bezugspersonen. Diese Bindung ist die Grundlage dafür, dass sich Vertrauen entwickelt und das Kind sich für das Leben »entscheidet«, und dafür, auf die liebende Fürsorge der Menschen seiner Umgebung zu reagieren.

Seine Eltern oder die Menschen, die sich um den Säugling kümmern, müssen für ihn denken und für die Erfüllung seiner Bedürfnisse sorgen. Dazu gehört, dass sie Körper- und Blickkontakt mit dem Kind haben, mit ihm reden und ihm vorsingen. Wichtig ist vor allem, dass die Eltern oder Bezugspersonen sich verantwortlich, zuverlässig und liebevoll verhalten.

Die zentralen Botschaften dieser Phase lauten:

- »Ich freue mich, dass du da bist.«
- »Dein Platz ist hier.«
- »Deine Bedürfnisse sind mir wichtig.«
- »Ich freue mich, dass du so bist, wie du bist.«
- »Du darfst in deinem eigenen Rhythmus wachsen.«
- »Du darfst fühlen, was du fühlst.«
- »Ich liebe dich, und ich kümmere mich gern um dich.«

Botschaften an das Kind in der Phase des »Tuns«

Zwischen dem 6. und 18. Monat lernt ein Kind, sowohl anderen Menschen als auch seinen Sinnen zu vertrauen. Von seinen Eltern unterstützt, wagt es, seine Umwelt zu erforschen und sich aktiv und schöpferisch ans Leben heranzutasten. In dieser Phase entwickelt das Kind zunächst die Fähigkeiten, den Kopf zu heben und zu halten sowie sich vom Bauch auf den Rücken zu drehen, und umgekehrt. Im nächsten Schritt beginnt es, sich aufzurichten, aus eigener Kraft fortzubewegen und nach den Dingen in seiner Umgebung zu greifen. Durch die Entdeckungen, die es in diesem extrem wichtigen Lebensabschnitt macht, entwickelt das Kind Selbstvertrauen, und sein Gefühl der Selbstachtung wird weiter aufgebaut.

In dieser Zeit lernt das Kind zudem, seine Bedürfnisse zu signalisieren. Die vertrauensvolle Bindung zu den Eltern verstärkt sich. Es entdeckt, dass es Wahlmöglichkeiten hat, und entwickelt mit Unterstützung seiner Umgebung Eigeninitiative. Folgende Botschaften können in dieser Entwicklungsphase unterstützend wirken:

- »Du darfst Dinge untersuchen und ausprobieren, ich werde aufpassen, dass dir nichts passiert.«

- »Du darfst alle deine Sinne benützen.«
- »Du hast das Recht, alles zu wissen, was du wissen willst.«
- »Du darfst dich für alles interessieren.«
- »Ich sehe dir gern dabei zu, wie du größer wirst und lernst.«
- »Ich mag dich, wenn du lebhaft bist, und ich mag dich, wenn du ruhig bist.«

Botschaften an das Kind im Alter zwischen sechs Monaten und drei Jahren

In dieser Phase seiner Entwicklung muss ein Kind lernen, selbst zu denken und Probleme zu lösen, um Schritt für Schritt selbstständiger zu werden. Und gleichzeitig muss es die Fähigkeit entwickeln, seine Gefühle auszudrücken und mit ihnen umzugehen.

Es muss seine Grenzen austesten, um zu lernen, anderen Menschen gegenüberzutreten und einfachen Aufforderungen wie »Komm zu mir!«, »Bleib hier!« oder »Hör auf!« nachzukommen.

In diesem Alter muss ein Kind sowohl die Möglichkeit haben, seine Wut auszudrücken, als auch begreifen, dass es nicht der Mittelpunkt der Welt ist.

Auf die Erwachsenen in seiner Umgebung kommen ebenfalls neue Aufgaben zu: Einerseits müssen sie dem Kind vernünftige Grenzen setzen und dafür sorgen, dass es sich daran hält, andererseits müssen sie es loben und bestärken, wenn es selbstständig denkt. Es geht darum, die positiven wie negativen Gefühlsäußerungen des Kindes zu akzeptieren und ihm gleichzeitig zu vermitteln, dass es auf die Gefühle anderer Rücksicht nehmen muss.

Eine der größten Herausforderungen für die Eltern in dieser Zeit ist es, Gewinner/Verlierer-Situationen zu vermeiden und dem Kind die Grundregeln beizubringen, wie man Kompromisse aushandelt. Ebenso wichtig ist es, das Kind nicht herabzusetzen, lächerlich zu machen oder zu blamieren, denn das führt häufig zu einer geringen Selbstachtung.

Die förderlichsten Botschaften für ein Kind in dieser Entwicklungsphase sind:

- »Es freut mich, dass du selbstständig denkst.«
- »Ich akzeptiere, dass du zornig bist, aber ich lasse nicht zu, dass du dir oder jemand anderem wehtust.«
- »Du darfst Nein sagen und deine Grenzen austesten, so viel du willst.«
- »Du darfst denken und fühlen.«
- »Du hast das Recht, alles zu erfahren, was du wissen willst, und um Hilfe zu bitten.«
- »Ich liebe dich, auch wenn du dich von mir entfernst.«

Botschaften an das Kind in der Phase der Entwicklung von Identität und Stärke

Im Alter von drei bis sechs Jahren entwickelt das Kind seine Identität und findet heraus, wie es die Beziehungen, die es zu anderen hat, beeinflussen kann. Es lernt, dass jedes Verhalten Konsequenzen hat und dass es vorteilhaft ist, sich sozial akzeptabel zu verhalten. Zudem entdeckt es die Welt, seinen Körper und die Rollenmuster, die für sein Geschlecht gelten.

Verfügen seine Eltern und die Menschen in seiner Umgebung über eine hohe Selbstachtung, wird das Kind seinerseits Selbstachtung entwickeln. Dieser Prozess lässt sich durch folgende Botschaften unterstützen:

- »Du hast das Recht zu erforschen, wer du bist, und herauszufinden, wer die anderen sind.«
- »Du hast das Recht, von deiner Kraft Gebrauch zu machen, aber auch das Recht, um Hilfe zu bitten.«
- »Du darfst verschiedene Rollen und verschiedene Wege, stark zu sein, ausprobieren.«
- »Du hast das Recht, durch eigene Erfahrung zu lernen, welche Folgen dein Verhalten hat.«
- »Ich akzeptiere alle deine Gefühle.«

In dieser Phase lernt ein Kind sehr viel aus den Fehlern, die es macht. Es lernt, anderen zuzuhören, erprobt unterschiedliche Wege, zu denken und zu handeln, und entdeckt die Strukturen, die außerhalb der Familie existieren. In dieser Hinsicht nützliche Botschaften sind:

- »Du hast das Recht nachzudenken, ehe du Ja oder Nein sagst, und aus deinen Fehlern zu lernen.«
- »Du darfst dich bei deinen Entscheidungen auch auf deine Intuition verlassen.«
- »Du hast das Recht, Wege zu finden und zu gehen, die für dich funktionieren.«
- »Du hast das Recht, die Regeln zu lernen, die dir helfen, mit anderen zusammenzuleben.«
- »Du hast das Recht, herauszufinden, was wahr ist und was nicht.«
- »Ich mag dich so, wie du bist.«

Botschaften an das Kind in der Phase der Entwicklung seiner Struktur

Das Alter zwischen sechs und zwölf Jahren ist ganz entscheidend für die Entwicklung einer gesunden Selbstachtung, denn in dieser Zeit bilden Kinder ihre innere Struktur aus, verstehen die Wichtigkeit und Bedeutung von Regeln und eignen sich zahlreiche Fähigkeiten sowie eine große Bandbreite von Wissen an. In dieser Phase können Sie Kinder mit folgenden Botschaften unterstützen:

- »Du hast das Recht, herauszufinden, wann du mit etwas nicht einverstanden bist und wie du das zeigen kannst.«
- »Du darfst um Hilfe bitten.«
- »Ich mag dich, auch wenn du anderer Meinung bist als ich.«
- »Es macht mir Spaß, mit dir zusammen zu wachsen.«

Botschaften an den Jugendlichen in der Phase der Pubertät und der Abnabelung

Die Phase zwischen 12 und 19 Jahren ist ebenso wichtig wie kompliziert. In dieser Zeit steht der Jugendliche vor der Aufgabe, Schritt für Schritt zu einer unabhängigen und lebenstüchtigen Persönlichkeit heranzureifen, die sich eigene Wertmaßstäbe setzt und die Verantwortung für ihre Bedürfnisse, ihre Gefühle und ihr Verhalten übernimmt. Eltern können ihrem Kind durch diesen Reifeprozess helfen, indem sie ihm weiterhin Liebe, Schutz und Sicherheit bieten, während sie gleichzeitig seine Abnabelungsbestrebungen unterstützen. Das bedeutet aber nicht, inakzeptables Verhalten zu tolerieren. Klare Grenzen sind nach wie vor sinnvoll. Folgende Botschaften können während dieser Zeit bestärkend wirken:

- »Du hast das Recht herauszufinden, wer du bist, und unabhängig zu werden.«
- »Du darfst eigene Interessen und Beziehungen haben.«
- »Du darfst Altes so verändern, dass es für dich passt.«
- »Du hast das Recht, ganz Mann/Frau zu werden, doch du darfst dich auch anlehnen, wenn du es brauchst.«
- »Es ist mir eine Freude, dich als Erwachsenen kennenzulernen.«
- »Meine Liebe begleitet dich, und ich habe Vertrauen zu dir. Du kannst mich immer um Hilfe bitten, wenn du mich brauchst.«

Weitere, altersunabhängige Botschaften

Die Entwicklung von Selbstachtung war und ist von jeher das zentrale Anliegen der Transaktionsanalyse. Im Zuge dessen haben Robert und Mary McClure Goulding, zwei wichtige Vertreter dieser Schule, positive Botschaften ausgearbeitet, die persönliches Wachstum und die Bildung von Selbstachtung fördern.

Diese zwölf »Erlaubnis-Botschaften« ermöglichen es einem Kind, ein Gefühl der Wertschätzung für sich selbst zu entwickeln. Sie lauten:

- »Du darfst sein und leben.«
- »Du darfst du selbst sein.«
- »Du darfst erwachsen werden.«
- »Du darfst es schaffen.«
- »Du darfst tun.«
- »Du darfst bedeutend sein.«
- »Du darfst einer Familie/einer Gruppe angehören.«
- »Du darfst anderen nah sein und deine Gefühle mit ihnen teilen.«
- »Du darfst körperlich und seelisch gesund sein.«
- »Du darfst selbstständig denken.«
- »Du darfst Gefühle haben.«
- »Du darfst Kind sein.«

Die indische Transaktionsanalytikerin Pearl Drego ergänzt diese Liste um zwei weitere Erlaubnis-Sätze, die ebenfalls gezielt die Selbstachtung stärken:

- »Du hast das Recht, für eine Sache einzutreten und anderen zu helfen.«
- »Du hast das Recht, die spirituelle Dimension deiner selbst zu zeigen.«

Diese Botschaften können von Eltern, Groß-
eltern, Onkeln, Tanten, Lehrern, Erziehern oder
Geistlichen vermittelt werden, ja überhaupt von
allen Menschen, die Umgang mit dem Kind haben.
Dabei genügt manchmal schon ein einzelnes Wort
oder eine Geste, damit das Kind die Erlaubnis verinnerlicht, sich weiterentwickelt und so in seiner
Selbstachtung gestärkt wird. Jeder, wirklich jeder
Erwachsene kann dazu beitragen.

Kinder lernen, was sie (er)leben

Leben Kinder mit Kritik, lernen sie, über andere zu urteilen.
Leben Kinder mit Feindseligkeit, lernen sie, aggressiv zu sein.
Leben Kinder mit Angst, lernen sie, ängstlich zu sein.
Leben Kinder mit Selbstmitleid, lernen sie, sich zu bedauern.
Leben Kinder mit Spott, lernen sie, schüchtern zu sein.
Leben Kinder mit Neid, lernen sie, missgünstig zu sein.
Leben Kinder mit Scham, lernen sie, Schuldgefühle zu haben.

ABER

Leben Kinder mit Toleranz, lernen sie Geduld.
Leben Kinder mit Ermutigung, lernen sie Zuversicht.
Leben Kinder mit Anerkennung, lernen sie Wertschätzung.
Leben Kinder mit Gerechtigkeit, lernen sie, gerecht zu sein.
Leben Kinder mit Sicherheit, lernen sie, sich selbst und
anderen zu vertrauen.
Leben Kinder mit Bestätigung, lernen sie, sich selbst zu lieben.
Leben Kinder in Geborgenheit und Freundschaft, lernen sie,
Liebe in der Welt zu finden.

Andere Quellen der Selbstachtung

Zwar wird der Grad an Selbstachtung eines Menschen ganz entscheidend durch die – verbalen und nonverbalen – Botschaften seiner Eltern bestimmt, doch wirken auch noch zahlreiche andere Faktoren prägend auf unsere Selbstwertschätzung:

Die Stellung innerhalb der Familie

Erstgeborene oder ältere Kinder, die sich um ihre jüngeren Geschwister kümmern, lernen, verantwortungsbewusst zu sein, und entwickeln Führungsqualitäten.

Nesthäkchen werden von Eltern und älteren Geschwistern bisweilen stark verhätschelt, was dazu führen kann, dass sie viel Zuwendung fordern und hohe Ansprüche an das Leben stellen.

Das Verhältnis der Geschwister zueinander

Die Beziehung zu eventuell vorhandenen Geschwistern ist schon deshalb so wichtig, weil sie in der Regel die längste Beziehung im Leben eines Menschen darstellt. Da es keine gesellschaftlichen Regeln bezüglich ihrer Gestaltung gibt, erfordert eine solche Beziehung mehr soziale und emotionale Kompetenz von den jeweiligen Geschwistern, was sich genau wie die erlebte gegenseitige Unterstützung positiv auf deren Selbstachtung auswirkt. Allerdings kann sie auch einen negativen Effekt haben, wenn die Eltern durch ständiges Vergleichen und die Bevorzugung oder Benachteiligung eines Kindes eine übersteigerte Rivalität zwischen den Geschwistern schaffen.

Der Freundeskreis

Auch wenn die Intimität zwischen Freunden nicht ganz so ausgeprägt ist wie zwischen Geschwistern, wirken sich die emotionale Bindung und die Kameradschaft ähnlich positiv auf die Selbstachtung aus.

Die soziale Stellung der Familie

Stammt ein Kind aus einer Familie, die wenig gesellschaftliches Ansehen genießt, weil die Eltern über längere Zeit arbeitslos sind, ein Elternteil Alkoholprobleme hat oder im Gefängnis sitzt, kann man sich leicht ausmalen, was das für das Kind und seine Selbstachtung bedeutet – zumal wenn es in einer sozialen Umgebung lebt, in der jeder alles über den anderen weiß.

Traumatische Erfahrungen in der Kindheit

Ausgesprochen verheerend auf die Selbstachtung wirken traumatische Kindheitserfahrungen wie sexueller Missbrauch oder häusliche Gewalt.

Religion

Auch die Religion spielt eine wichtige Rolle bei der Entwicklung unserer Selbstachtung. Viele religiöse Systeme trachten danach, ihren Anhängern Schuldgefühle einzuimpfen und sie mithilfe von Angst bei der Stange zu halten, indem sie ihnen mit der Hölle und ewiger Verdammnis drohen, statt die göttliche Liebe und Vergebung, die Kostbarkeit des Lebens sowie den Glauben, dass der Mensch nach dem Bild Gottes geschaffen wurde, in den Mittelpunkt zu stellen.

Zudem sind einige Religionen ausgesprochen frauenfeindlich. Sie behaupten, die untergeordnete Rolle der Frau sei von Gott gewollt, und zeichnen ein sehr negatives Bild von Weiblichkeit, sodass Frauen in diesen Kulturen große Probleme haben, Selbstachtung zu entwickeln.

Lehrer

Gerade zu Beginn seiner Schulzeit ist ein Kind sehr sensibel für die Botschaften, die ihm die »Frau Lehrerin« oder der »Herr Lehrer« vermittelt. Lehrer üben somit entscheidenden Einfluss auf das Selbstbewusstsein ihrer Schüler aus – im positiven wie im negativen Sinn.

Lehrer können die Selbstachtung eines Kindes nachhaltig beschädigen. Eine über 50-jährige Frau berichtete unter Tränen, wie sie am ersten Schultag ihren Stuhl nass gemacht hatte, weil die Lehrerin sie vor der Pause nicht auf die Toilette gehen ließ. Und was noch schlimmer war: Nachdem das Malheur passiert war, forderte die Lehrerin die ganze Klasse auf, an dem Mädchen vorbeizugehen, mit dem Finger auf sie zu zeigen und sie zu verspotten. Von diesem Tag an war die Schule für das Kind die Hölle, und sie hasste es, dort hinzugehen.

Ganz anders dagegen die Erfahrungen einer etwa 40-jährigen Frau, Eliane, die heute Leiterin einer Gesundheitseinrichtung ist. Voller Stolz erinnerte sie sich an eine junge Lehrerin, die ihr ganzes Leben veränderte: Eliane war das fünfte Kind einer Bauernfamilie. Die Eltern gaben wenig auf Schule und Bildung, und Eliane schien nach ihren Eltern zu geraten. Aufgrund ihrer katastrophalen Noten hatte sie bereits eine Klasse wiederholen müssen.

Da erkrankte ihr Lehrer, und eine junge Lehrerin, die sich sehr für ihre Schüler engagierte, übernahm seine Klasse. Schnell wurde sie auf Eliane aufmerksam und setzte sie in die erste Reihe, nahe bei ihrem Pult. Immer wieder sagte sie zu Eliane, dass ein Mädchen, das so kluge Augen habe wie sie, es bestimmt zu etwas bringen würde. Kaum war Eliane wieder von der Schule zu Hause, ging sie in das Schlafzimmer ihrer Eltern – den einzigen Raum, in dem es einen Spiegel gab –, um ganz entzückt ihre »klugen Augen« zu bewundern.

Eliane entwickelte sich zu einer guten Schülerin, sie machte das Abitur, studierte und hatte bald eine verantwortungsvolle Position inne. Heute ist sie der festen Überzeugung, dass diese Lehrerin, die das vermutlich nie erfahren wird, die Grundlagen für ihre Selbstachtung und damit ihren Erfolg geschaffen hat.

Starke Familien fördern die Entwicklung von Selbstachtung bei allen ihren Mitgliedern

In starken Familien kommunizieren die Familienmitglieder miteinander und hören sich zu.

In starken Familien bestärken und unterstützen sich die Familienmitglieder gegenseitig.

In starken Familien wird jedes Familienmitglied respektiert.

In starken Familien entwickelt sich Vertrauen.

In starken Familien wird gemeinsam gespielt und gelacht.

In starken Familien teilen sich die Familienmitglieder die Verantwortung.

In starken Familien sind akzeptable und inakzeptable Verhaltensweisen klar definiert.

In starken Familien herrscht Familiengeist.

In starken Familien führen die Familienmitglieder ausgeglichene Beziehungen.

In starken Familien teilen die Familienmitglieder gemeinsame Werte und Vorstellungen.

In starken Familien wird die Privatsphäre der einzelnen Familienmitglieder respektiert.

In starken Familien gibt es Raum für Kommunikation.

In starken Familien verbringen die Familienmitglieder ihre Freizeit gemeinsam.

In starken Familien werden Schwierigkeiten akzeptiert und gemeinsam gelöst.

Delores Curran

Ein Wort zum Schluss

Selbstachtung ist das wichtigste Marschgepäck, das Eltern ihren Kindern mit auf den späteren Lebensweg geben können. Ein Kind, dem durch Eltern und Erzieher vermittelt wurde, dass es ein wertvoller, achtenswerter Mensch ist, wird als Erwachsener keine Schwierigkeiten damit haben, sich selbst mit Liebe und Verständnis zu begegnen. Da es sich seiner selbst sicher ist, kann es seine Stärken und seine Schwächen gleichermaßen akzeptieren. Dieses Kind wird das Leben heiter, konstruktiv und gelassen anpacken und das Beste aus seinen Anlagen machen.

Leider ist es aber in der Praxis häufig der Fall, dass Kinder durch die Erziehung, die sie erhalten, daran gehindert werden, Selbstachtung zu entwickeln, mit der Folge, dass sie sich als Erwachsene oftmals unbedeutend, einsam und unverstanden fühlen. Von Angst- und Schuldgefühlen geplagt, stehen sie dem Leben eher pessimistisch gegenüber. Zum Glück ist dies jedoch kein unabänderliches Schicksal. Wenn wir die Ursache für unsere Schwierigkeiten erkennen und beschließen, die Verantwortung für unser Leben in die eigenen Hände zu nehmen, steht einer Veränderung zum Positiven nichts mehr im Wege. Dazu schreiben wir unseren inneren Dialog neu und korrigieren unrichtige Ansichten über uns und die Welt. Wir üben uns im Entwickeln von Mitgefühl und stehen fortan zu unseren Überzeugungen. Und nicht zuletzt ändern wir unser Verhalten, indem wir unser Denken und Reden ändern, uns dankbar zeigen für das Gute in unserem Leben, mit Affirmationen und Visualisierungen arbeiten und uns konkrete, realistische Ziele setzen, die wir auch erreichen können.

Unsere Reise beginnt damit, dass wir uns unserer Unzufriedenheit mit unserem jetzigen Leben bewusst werden und den Entschluss fassen, etwas zu ändern. Sodann gilt es, aufmerksam zu beobachten, was entsteht, was sich entwickelt, was auf uns zukommt, und dies für unseren weiteren Fortschritt zu nutzen.

Letztendlich heißt Selbstachtung zu gewinnen auch, Achtung für unser *Selbst* zu entwickeln, für unsere Seele oder unseren innersten Kern. Und die Erkenntnis, einzigartig und unersetzbar zu sein, lässt uns die Gewissheit entwickeln, dass wir wertvolle Menschen sind, würdig, uns selbst zu lieben und von anderen geliebt zu werden.

Literatur

André, Christophe/Lelord, François: *Die Kunst der Selbstachtung*, übers. von Ralf Pannowitsch, Aufbau: Berlin 2002.

Berne, Eric: *Die Transaktionsanalyse in der Psychotherapie,* übers. von Ulrike Müller, Junfermann: Paderborn 2001.

Bradshaw, John: *Wenn Scham krank macht. Verstehen und Überwinden von Schamgefühlen*, übers. von Dr. Bringfried Schroeder, MensSana/Knaur: München 2006.

Burns, Dr. David: *Feeling Good. Depressionen überwinden, Selbstachtung gewinnen. Sich wieder wohlfühlen lernen ohne Medikamente*, übers. von Theo Kierdorf und Hildegard Höhr, Junfermann: Paderborn 2006.

Cullberg Weston, Marta: *Auf der Suche nach dem inneren Kind. Wege zu mehr Selbstachtung,* übers. von Stefanie Spitzner, Beltz: Weinheim 2011.

Goulding, Robert/Goulding, Mary McClure: *Neuentscheidung. Ein Modell der Psychotherapie*, übers. von Ursula und Friedemann Pfäfflin, Klett-Cotta: Stuttgart 2005.

Satir, Virginia: *Selbstwert und Kommunikation*, übers. von Elke Wisshak und Maria Bosch, Klett-Cotta: Stuttgart 2013.

Dies.: *Kommunikation. Selbstwert. Kongruenz. Konzepte und Perspektiven familientherapeutischer Praxis*, übers. von Hildegard Höhr und Theo Kierdorf, Junfermann: Paderborn 1994.

Schiraldi, Glenn: *Arbeitsbuch Selbstachtung. Selbstzweifel überwinden. Ein wirksames Programm, sich selbst mehr zu mögen,* übers. von Theo Kierdorf und Hildegard Höhr, Junfermann: Paderborn 2008.

Wilde, Stuart: *Affirmationen – Gedanken haben Schöpferkraft*, übers. von Karl Friedrich Hörner, Sphinx: München 1998.